Reaktionen auf
Wie der Westen den Krieg in die Ukraine brachte

„Eine hervorragende, bemerkenswert prägnante Erklärung der Gefahr, welche die militärische Beteiligung der USA und der NATO in der Ukraine geschaffen hat. Dieses Buch muss von allen gelesen und beachtet werden, die in der Lage sind, rational und verantwortungsbewusst über die amerikanische und europäische Sicherheit nachzudenken."

— **Jack F. Matlock, Jr.**, US-Botschafter in der Sowjetunion, 1987–1991, Autor des Buchs *Superpower Illusions*

„Für alle, die daran interessiert sind, die wahren Ursachen der Katastrophe in der Ukraine zu verstehen, ist *Wie der Westen den Krieg in die Ukraine brachte* eine Pflichtlektüre. Abelow argumentiert klar und überzeugend, dass die Vereinigten Staaten und ihre NATO-Verbündeten – nicht Wladimir Putin – die Hauptschuldigen sind."

— **John J. Mearsheimer**, Autor von *The Tragedy of Great Power Politics*, ist R. Wendell Harrison Distinguished Service Professor für Politikwissenschaften an der University of Chicago

„Dies ist ein großartiges und präzises Buch, logisch strukturiert, leicht zu lesen und überzeugend, aber mit der nötigen Vorsicht formuliert. Es bietet einen wertvollen Überblick zu den Entwicklungen und Ereignissen, die zur Eskalation des Krieges in der Ukraine geführt haben. Ohne die in diesem Buch dokumentierte Geschichte zu verstehen, wird es keine Deeskalation der amerikanisch-russischen Konfrontation an den östlichen Grenzen Europas geben."

— **Chas Freeman**, ehemaliger Staatssekretär für Internationale Sicherheitsfragen im US-Verteidigungsministerium, Autor von *Arts of Power: Statecraft and Diplomacy*

„Für diejenigen, die sich um die nationale Sicherheit der USA und den Frieden in Europa sorgen, ist dieses Buch eine unverzichtbare Lektüre."

— **Douglas Macgregor**, Oberst (a. D.) der US-Armee, Autor von *Margin of Victory*, ausgezeichnet für besondere Verdienste bei den Kampfhandlungen von 73 Easting im Irak, ehemaliger Direktor des Joint Operations Center der NATO in den Supreme Headquarters Allied Powers Europe (SHAPE), dem Oberkommando der Alliierten Streitkräfte in Europa

„Ein kompakter, aber umfassender und zugänglicher Überblick. Von unschätzbarem Wert, um zu verstehen, wie der Krieg wieder nach Europa zurückgekehrt ist. Benjamin Abelow zeigt, dass die Krise in der Ukraine vorhersehbar war, vorhergesehen wurde – und vermeidbar gewesen wäre."

— **Richard Sakwa**, Autor von *Frontline Ukraine* und *The Putin Paradox*, ist Professor für russische und europäische Politik an der University of Kent

„Ben Abelow führt uns von den falschen Narrativen weg und hin zur Wahrheit über die Ukraine-Krise."

— **Krishen Mehta**, Senior Global Justice Fellow an der Yale University und Leiter des American Committee for US-Russia Accord

„Im Stellvertreterkrieg zwischen den USA/der NATO und Russland droht eine nukleare Eskalation, welche das Ende der menschlichen Zivilisation bedeuten könnte. Abelows Buch ist eine unverzichtbare Lektüre für alle, die diese Bedrohung verstehen möchten und wissen wollen, warum sie 30 Jahre nach dem Zusammenbruch der Sowjetunion wieder aufgetaucht ist."

— **Gilbert Doctorow**, Autor von *Memoirs of a Russianist*, ist Historiker und unabhängiger, in Brüssel ansässiger Russland-Spezialist

WIE DER WESTEN DEN KRIEG IN DIE UKRAINE BRACHTE

WIE DER WESTEN DEN KRIEG IN DIE UKRAINE BRACHTE

Die Rolle der USA und der NATO im Ukraine-Konflikt

BENJAMIN ABELOW

Aus dem Englischen übersetzt von Robert Gisshammer

Siland Press
Great Barrington, Massachusetts, USA

Copyright © 2022 Benjamin Abelow.

Alle Rechte vorbehalten. Dieses Buch darf – sowohl ganz als auch teilweise – nur mit schriftlicher Genehmigung des Autors kopiert, aufgezeichnet, gescannt, übertragen, heruntergeladen oder in jeglicher Form oder mit jeglichen Mitteln vertrieben oder in einer Datenbank oder einem Abrufsystem gespeichert werden. Kurze Textpassagen dürfen mit entsprechender Quellenangabe als Teil größerer Werke, wie Rezensionen, Artikel, Bücher, Websites und Blogs, wiedergegeben werden. Bei Unklarheiten, Fragen und Anfragen wenden Sie sich bitte per E-Mail an den Herausgeber.

Siland Press
Great Barrington, Massachusetts Info@SilandPress.com

Haftungsausschluss: Es wurde mit großer Sorgfalt darauf geachtet, dass die in diesem Buch enthaltenen Informationen korrekt sind. Irrtümer können jedoch entstehen und zugrundeliegende Quellendokumente oder Sekundärquellen können manchmal Fehler enthalten. Deshalb kann keine Gewähr für die Richtigkeit der in diesem Buch enthaltenen Informationen übernommen werden.

Umschlaggestaltung: Boja@99designs.

ISBN: 978-0-9910767-3-4

Kontrollnummer der Library of Congress: 2022911492

CIP-Daten des amerikanischen Verlags

Namen: Abelow, Benjamin, author.

Title: How the West brought war to Ukraine : understanding how U.S. and NATO policies led to crisis, war, and the risk of nuclear catastrophe / Benjamin Abelow.

Description: [Great Barrington, Massachusetts] : Siland Press, [2022] | Includes bibliographical references and index.

Identifiers: ISBN: 978-0-9910767-0-3 (paperback) | 978-0-9910767-1-0 (ebook) | LCCN: 2022911492

Subjects: LCSH: Ukraine Conflict, 2014- | United States--Foreign relations--Russia (Federation) | North Atlantic Treaty Organization. | North Atlantic Treaty Organization--Ukraine. | Europe-- Foreign relations--Russia (Federation)--21st century. | Western countries--Foreign relations --Russia (Federation)--21st century. | National security--Europe. | National security--United States. | Russia (Federation)--Foreign relations--21st century. | Security, International-- Europe--History--21st century. | Cuban Missile Crisis, 1962. | South Ossetia War, 2008. | Nuclear arms control. | Nuclear crisis control. | Nuclear warfare. | Geopolitics. | Baltic States-- Strategic aspects. | World politics. | International relations. | Political science. | BISAC: HISTORY / Wars & Conflicts / General. | POLITICAL SCIENCE / International Relations / General. | POLITICAL SCIENCE / Security (National & International) | POLITICAL SCIENCE / World | Russian & Former Soviet Union.

Classification: LCC DK508.852 .A24 2022 | DDC: 947.7086--dc23

Danksagungen

Für die Beantwortung technischer Fragen, Kommentare zu früheren Entwürfen und andere Hilfeleistungen möchte ich mich bei den folgenden Personen bedanken: Major Brennan Deveraux, Jay R. Feierman, Richard Sakwa, Gilbert Doctorow, Monika Werner, Christian Müller, George Goss, Viktoryia Baum, Pam Auerbach, Mark McCarty, John Hayden, Alex Tabarrok, Adam Abelow, Kimberly Peticolas und Jonathan Rubin. Die Nennung eines Namens an dieser Stelle bedeutet nicht, dass die genannte Person die in diesem Buch enthaltenen Gedanken und Ideen gutheißt. Alle hier zum Ausdruck gebrachten Meinungen und Ansichten sowie etwaige Fehler in Bezug auf Fakten, Interpretation oder Beurteilung liegen in der alleinigen Verantwortung des Autors.

Inhaltsverzeichnis

Überblick 1
Einleitung: Wie das Narrativ den Krieg antreibt 3
1. Westliche Provokationen: 1990–2014 13
2. Westliche Provokationen: 2014–2022 21
3. Aus umgekehrter Perspektive betrachtet 29
4. Russische Befürchtungen eines Erstschlags
   der Amerikaner 35
5. Politikexperten haben vor der NATO-Erweiterung
   gewarnt 41
6. Russophobe Politiker wiederholen die Fehler
   der Vergangenheit 51
7. Wie übertrieben pessimistische Narrative zu selbst
   erfüllenden Prophezeiungen werden 55
8. Eine kontrafaktische Geschichte – und Fazit 61

Quellen 71
Index 79
Über den Autor 83
Hinweis für den Leser/die Leserin 83

Überblick

Seit beinahe 200 Jahren, nämlich beginnend mit der Formulierung der Monroe-Doktrin im Jahr 1823, erheben die Vereinigten Staaten den Anspruch, praktisch auf der gesamten westlichen Hemisphäre für Sicherheit zu sorgen. Jegliche ausländische Macht, die ihre Streitkräfte in der Nähe von US-Territorium aufstellt, weiß, dass sie eine klar gezogene Grenze überschreitet. Dementsprechend ist das politische Verhalten der USA von der Überzeugung geprägt, dass es von entscheidender Bedeutung ist, *wo* ein potenzieller Gegner seine Einheiten stationiert. Tatsächlich ist diese Überzeugung der Kernpunkt der amerikanischen Außen- und Militärpolitik. Wer diese verletzt, riskiert einen Krieg.

Wenn es jedoch Russland betrifft, verstoßen die Vereinigten Staaten und ihre NATO-Verbündeten bereits jahrzehntelang gegen diesen Grundsatz. Sie haben sich bei der Aufstellung ihrer Streitkräfte schrittweise immer näher auf Russland zubewegt, bis hin an die russischen Grenzen. Dabei haben sie nicht ausreichend berücksichtigt – ja, manchmal sogar schlichtweg ignoriert – wie die russische Regierung diesen Vorstoß wahrnehmen könnte. Hätte Russland sich in Bezug auf amerikanisches Hoheitsgebiet ähnlich verhalten und seine Streitkräfte etwa in Kanada oder Mexiko stationiert, dann wäre Washington in den Krieg gezogen und hätte diesen als

Abwehr eines militärischen Eindringens einer ausländischen Macht erklärt. So gesehen handelt es sich beim Einmarsch Russlands in die Ukraine nicht um die ungezügelte Erweiterungspolitik eines in böser Absicht handelnden russischen Anführers, sondern um eine gewaltsame und zerstörerische Reaktion auf die fehlgeleitete Politik des Westens: ein Versuch, rund um die Westgrenze Russlands herum wieder eine Zone herzustellen, die keiner offensiven Bedrohungen durch die Vereinigten Staaten und deren Verbündeten ausgesetzt ist. Der Westen hat die Gründe für die russische Invasion in die Ukraine missverstanden und fällt nun kritische Entscheidungen auf der Grundlage falscher Annahmen. Damit verschärfen die westlichen Länder die Krise und könnten auf einen Atomkrieg zusteuern, ohne sich dessen bewusst zu sein.

Ich werde diese Argumentation nachstehend im Einzelnen erläutern. Dabei stütze ich mich auf die Analysen mehrerer Wissenschaftler, Regierungsvertreter und Militärbeobachter, wie zum Beispiel John Mearsheimer, Stephen F. Cohen, Richard Sakwa, Gilbert Doctorow, George F. Kennan, Chas Freeman, Douglas Macgregor und Brennan Deveraux. Ich werde sie alle in diesem Text vorstellen und zitieren.

Einleitung:
Wie das Narrativ den Krieg antreibt

In den Monaten seit dem Einmarsch Russlands in die Ukraine hat sich die Begründung der USA für ihre Beteiligung am Geschehen verändert. Was als eingeschränkter, humanitärer Einsatz zur Unterstützung der Ukraine bei der Selbstverteidigung konzipiert war, umfasst mittlerweile ein zusätzliches Ziel: die Schwächung der Fähigkeit Russlands, in Zukunft einen weiteren Krieg zu führen.
Es ist gut möglich, dass dieses strategische Ziel bereits von Anfang an feststand. Im März, mehr als einen Monat vor der Ankündigung der neuen Strategie der USA, merkte Chas Freeman, ehemaliger Staatssekretär für Internationale Sicherheitsfragen im US-Verteidigungsministerium, Folgendes an:

> Alles, was wir hier unternehmen, scheint darauf abzuzielen, die Kampfhandlungen in die Länge zu ziehen und den ukrainischen Widerstand zu unterstützen, anstatt ein Ende der Kämpfe und einen Kompromiss herbeizuführen. Das ist meiner Meinung nach, eine ehrenwerte Absicht, ... am Ende werden jedoch viele Ukrainer und Russen tot sein.[1]

Die Feststellung von Freeman zeigt eine unangenehme Wahrheit auf: Die beiden Ziele der USA in diesem Krieg lassen sich nicht wirklich miteinander vereinbaren. Die humanitären Bemühungen würden darauf abzielen, die

Zerstörung zu begrenzen und den Krieg rasch zu beenden. Jedoch erfordert das strategische Ziel der Schwächung Russlands einen langanhaltenden Krieg. Die Folgen sind ein enormes Ausmaß an Zerstörung sowie das völlige Ausbluten Russlands hinsichtlich Soldaten und Maschinen. Freeman fasst diesen Widerspruch in einer makaber-ironischen Bemerkung zusammen: „Wir kämpfen für die ukrainische Unabhängigkeit bis zum letzten Ukrainer."

Mit ihrem neuen militärischen Ziel begeben sich die USA in eine direkte Konfrontation mit Russland. Nun geht es darum, einen Teil des russischen Staates handlungsunfähig zu machen – und zwar das Militär. Seit dem Ausbruch des Krieges haben die Biden-Regierung und der Kongress über 50 Milliarden US-Dollar an Finanzhilfen für die Ukraine bereitgestellt, den Großteil davon für militärische Zwecke. Laut Vertretern der USA haben amerikanische Geheimdienstinformationen es ermöglicht, dass ein Dutzend russische Generäle in der Ukraine getötet sowie die Moskwa, das Flaggschiff der russischen Schwarzmeerflotte, versenkt wurde. Dabei kamen 40 Seeleute ums Leben und 100 wurden verwundet. Die europäischen Verbündeten haben sich den USA durch verstärkte Waffenlieferungen angeschlossen – sowohl im Hinblick auf den Umfang als auch auf deren tödliche Schlagkraft. Durch den Aufruf an die Ukraine westliche Waffen dazu einzusetzen, Nachschublinien innerhalb Russlands anzugreifen, hat die britische Regierung versucht, den Kriegsschauplatz auszudehnen.

Am 27. Februar, drei Tage nach Beginn der russischen Invasion, gab der russische Präsident Wladimir Putin bekannt, dass er als Reaktion auf die „aggressiven Äußerungen" westlicher Politiker die Alarmstufe der russischen

Atomstreitkräfte erhöht habe. Putins Chef-Propagandist hat im Mai den britischen Premierminister im russischen Staatsfernsehen gewarnt, dass er durch seine Äußerungen und Handlungen England der Gefahr aussetzt, von einer radioaktiven Tsunamiwelle, ausgelöst durch einen russischen Atomtorpedo, getroffen zu werden. Diese und andere russische Warnungen vor einem Atomkrieg wurden von den meisten westlichen Medien als reine Propaganda heruntergespielt. Das US-Militär erhöhte jedoch innerhalb von 24 Stunden nach Putins Ankündigung vom 27. Februar seinen Alarmstatus auf Defcon 3 – zum ersten Mal seit dem Anschlag auf das World Trade Center im Jahr 2001.[2] Letztlich hat das beide Länder wesentlich näher an eine Situation gebracht, in der bereits eine winzige Störung Anlass für einen Angriff darstellen kann. Dadurch steigt die Wahrscheinlichkeit, dass ein Unfall, eine politische Fehlkalkulation oder ein Computerfehler zu einem Atomkrieg führen könnte.

Zudem muss berücksichtigt werden, was passiert, wenn sich eine Niederlage Russlands abzeichnet und seine militärischen Kapazitäten insgesamt so stark geschwächt sind, dass Moskau nach eigener Einschätzung einer Invasion nicht standhalten könnte. In einer solchen Lage würden russische Strategen mit Sicherheit den Einsatz von Atomwaffen mit geringer Sprengkraft in Erwägung ziehen, um gegnerische Streitkräfte zu vernichten. So erklärte der Leiter des US-Geheimdienstes im Mai vor dem Streitkräfteausschuss des Senats, dass Putin Atomwaffen einsetzen könnte, wenn „aus seiner Sicht eine existenzielle Bedrohung für sein Regime und für Russland besteht". Das könnte eintreten, falls „er das Gefühl hat, dass er den Krieg verliert".[3] Sollte Russland Atomwaffen einsetzen, könnte das den Westen in Zugzwang bringen, ebenfalls mit nuklearen Waffen zu reagieren. Das würde zwangsweise zu einer weiteren Eskalation führen. Doch diese Situation – dass Russland Verluste erleidet und sich verausgabt – *ist genau das, was die neue US-Politik anstrebt.*

Schließlich stellt sich noch die Frage, was passiert, wenn sich der Krieg bis zu dem Punkt hinzieht, an dem die Opposition gegen Putin unter den russischen Eliten zu dessen Entmachtung führt. Dabei geht es um das erklärte Ziel eines Regimewechsels, der in den USA von einer informellen Allianz aus republikanischen Neokonservativen und demokratischen liberalen Interventionisten angestrebt wird. Anscheinend wird davon ausgegangen, dass Putin dann durch eine gefügige, schwache Marionette ersetzt wird, welche sich den amerikanischen Interessen unterwirft. Gilbert Doctorow, ein unabhängiger, in Brüssel ansässiger politischer Analyst mit Doktorat und PostDoc-Ausbildung in russischer Geschichte, kommentiert das so:

> Man sollte vorsichtig sein, was man sich wünscht. Russland verfügt über mehr Atomwaffen als die USA. Es verfügt über mehr moderne Waffen als die USA. Und Russland kann die USA binnen 30 Minuten dem Erdboden gleichmachen. Will man so ein Land in Aufruhr versetzen? Wer sollte außerdem Putins Platz einnehmen, falls er gestürzt wird? Irgendein Waschlappen? Irgendein neuer Säufer wie [der erste russische Präsident Boris] Jelzin? Oder jemand, der einen auf Rambo macht und nicht davor zurückscheut, den Knopf zu drücken? ... Ich denke, für ein Land wie die USA ist es äußerst leichtsinnig, sich einen Regimewechsel in einem Land wie Russland herbeizuwünschen. Das ist geradezu selbstmörderisch.[4]

Einleitung: Wie das Narrativ den Krieg antreibt

Egal ob die USA von vornherein die Zerstörung des russischen Militärs geplant haben oder nicht: Diese Politik ist nicht überraschend, denn sie ist die logische, ja sogar vorhersehbare Folge eines im Westen lange gepflegten Narrativs über Russland, über das bereits breiter Konsens besteht. Gemäß diesem Narrativ ist Putin ein unersättlicher Expansionist, dem es völlig an plausiblen nationalen Sicherheitsgründen für seine Entscheidungen mangelt. Dieses Narrativ stellt Putin als einen neuen Hitler dar und vergleicht den russischen Einmarsch in die Ukraine mit der Nazi-Aggression des Zweiten Weltkriegs. Entsprechend stellt das Narrativ jeglichen Wunsch des Westens nach Kompromissen und Verhandlungen über ein schnelles Ende des Konflikts als Wunschdenken und als Beschwichtigung dar. Das neue militärische Ziel der USA ist somit eine direkte Folge der westlichen Wahrnehmung der Motive Moskaus und der Ursachen des Krieges.

Eine entscheidende Frage rückt dadurch in den Mittelpunkt: Entspricht das westliche Narrativ über den Ukraine-Krieg wirklich den Tatsachen? Wenn das der Fall ist, dann könnte die westliche Politik durchaus sinnvoll sein, auch wenn sie das Risiko einer atomaren Auseinandersetzung mit sich bringt. Ist das Narrativ jedoch falsch, dann trifft der Westen existenzielle Entscheidungen auf Grundlage falscher Voraussetzungen. In diesem Fall wäre ein schnell ausgehandelter Kompromiss, welcher das Leben von Soldaten und Zivilisten rettet und gleichzeitig das Risiko eines Atomkriegs deutlich verringert, keine reine Beschwichtigungspolitik. Ein Kompromiss wäre dann vielmehr eine praktische Notwendigkeit, ja sogar eine moralische Pflicht. Ein nicht zutreffendes westliches Narrativ über die russischen Beweggründe bedeutet letztlich, dass Handlungen, welche der Westen heute vornimmt, die Krise verschärfen und zu einem Atomkrieg führen können.

In diesem Buch vertrete ich die Auffassung, dass das westliche Narrativ falsch ist. In wesentlichen Punkten ist es das Gegenteil der Wahrheit. Die eigentliche Ursache des Krieges findet sich nicht in einem ungezügelten Expansionismus Putins oder in paranoiden Wahnvorstellungen der Militärstrategen im Kreml, sondern in einer 30-jährigen Geschichte westlicher Provokationen gegen Russland, die mit der Auflösung der Sowjetunion begannen und bis zum Beginn des Krieges andauerten. Diese Provokationen brachten Russland in eine untragbare Situation, für die nach Ansicht Putins und seines Militärstabs Krieg die einzige praktikable Lösung darstellte. In meiner Argumentation lege ich besonderes Augenmerk auf die USA und kritisiere sie sehr scharf, da sie bei der Gestaltung der westlichen Politik die entscheidende Rolle gespielt haben.

Meine Kritik am Westen zielt nicht darauf ab, Moskaus Invasion zu rechtfertigen oder die russische Führung von Schuld freizusprechen. Ich bin kein Fürsprecher von Putin. Ungeachtet all dessen, was ich darlegen werde, glaube ich, dass er Alternativen zum Krieg hatte. Aber ich möchte ihn *verstehen*, indem ich rational zu beurteilen versuche, welche kausale Abfolge ihn dazu bewogen hat, einen Krieg vom Zaun zu brechen.

Was genau meine ich, wenn ich von westlichen Provokationen spreche? Oft wird behauptet, dass die NATO-Osterweiterung zu den Spannungen beigetragen hat. Diese Behauptung ist zwar richtig, aber eine unvollständige Sichtweise. Zunächst einmal bleiben die Auswirkungen der NATO-Osterweiterung zu oft abstrakt, ohne dabei der tatsächlichen Bedrohung Russlands gerecht zu werden. Gleichzeitig haben die USA und ihre Verbündeten sowohl einzeln als auch in gegenseitiger Abstimmung

Einleitung: Wie das Narrativ den Krieg antreibt

provokative militärische Maßnahmen ergriffen, die keinen direkten Bezug zur NATO haben. So wichtig es ist, die NATO ins Blickfeld zu rücken, wenn man sich nur auf die NATO konzentriert, entgeht einem das ganze Ausmaß und der Ernst der Zwangslage, in welche der Westen Russland gebracht hat.

Als Vorgeschmack auf das, was noch kommt, führe ich hier die wichtigsten westlichen Provokationen auf, welche ich im weiteren Verlauf dieses Buches näher erläutern und kommentieren werde. In den letzten drei Jahrzehnten haben die USA allein oder manchmal gemeinsam mit ihren europäischen Verbündeten Folgendes getan:

♦ Sie haben die NATO mehr als 1.500 Kilometer nach Osten erweitert und sie unter Missachtung von Zusicherungen, welche Moskau zuvor gegeben wurden, bis an die Grenzen Russlands ausgedehnt.

♦ Sie haben den ABM-Vertrag (Anti-Ballistic Missile Treaty/Vertrag über die Begrenzung von antiballistischen Raketenabwehrsystemen) einseitig gekündigt und antiballistische Trägersysteme in den neuen NATO-Staaten aufgestellt. Diese können auch offensive Nuklearwaffen, wie z. B. mit Nuklearsprengköpfen bestückte Tomahawk-Marschflugkörper, aufnehmen und auf Russland abfeuern.

♦ Sie haben dazu beigetragen, den Weg für einen bewaffneten, rechtsextremen Staatsstreich in der Ukraine zu bereiten und ihn möglicherweise sogar direkt angezettelt. Durch diesen Coup wurde eine demokratisch gewählte pro-russische Regierung durch eine nicht gewählte pro-westliche Regierung ersetzt.

- Sie haben zahlreiche NATO-Manöver nahe der russischen Grenze durchgeführt. Dazu gehörten zum Beispiel Übungen mit scharfen Raketen, welche Angriffe auf Luftabwehrsysteme in Russland simulieren sollten.

- Sie haben ohne zwingende strategische Notwendigkeit und unter Missachtung der Bedrohung, welche ein solcher Schritt für Russland bedeuten würde, der Ukraine die Aufnahme in die NATO versprochen. Die NATO weigerte sich später, diese Politik aufzugeben, selbst wenn dadurch ein Krieg hätte verhindert werden können.

- Sie haben sich einseitig aus dem INF-Vertrag (Intermediate Range Nuclear Forces/Mittelstrecken-Nuklearstreitkräfte-Vertrag) zurückgezogen, was Russland noch anfälliger für einen Erstschlag der USA macht.

- Sie haben im Rahmen bilateraler Abkommen das ukrainische Militär mit Waffen ausgerüstet und ausgebildet und dafür regelmäßig gemeinsame Manöver in der Ukraine abgehalten. Dies hatte zum Ziel, eine militärische Zusammenarbeit auf NATO-Ebene (die sogenannte Interoperabilität) herzustellen, und zwar schon vor einer formellen Aufnahme der Ukraine in das Militärbündnis.

- Sie haben die ukrainische Führung zu einer kompromisslosen Haltung gegenüber Russland veranlasst und dadurch einerseits die Bedrohung für Russland weiter verschärft und andererseits die Ukraine der Gefahr einer militärischen Reaktion Russlands ausgesetzt.

Einleitung: Wie das Narrativ den Krieg antreibt

Aufgrund der Schwere der Krise, ihrer jahrzehntelangen Entwicklung und der Tatsache, dass ein thermonuklearer Krieg – ein mit Wasserstoffbomben geführter Krieg – eine existenzielle Bedrohung für alle beteiligten Länder sowie für die gesamte Menschheit darstellt, werde ich meine Argumente so klar und so systematisch wie möglich darlegen. Das Buch besteht aus acht kurzen Kapiteln, in denen ich meine Argumentation schrittweise aufbaue:

Kapitel 1 gibt einen chronologischen Überblick über die westlichen Provokationen gegenüber Russland im Zeitraum 1990–2014. Kapitel 2 führt diesen Überblick bis zum Beginn der russischen Invasion im Februar 2022 fort. Kapitel 3 stellt die Frage, wie die USA reagieren würden, wenn die Situation umgekehrt wäre, sich also Russland den USA gegenüber so verhielte, wie sich der Westen Russland gegenüber verhalten hat. Kapitel 4 beschreibt, wie sich der amerikanische Ausstieg aus dem Washingtoner Vertrag über nukleare Mittelstreckensysteme von 1987 auf die Sicherheit Russlands auswirkte.

Kapitel 5 erläutert, wie Außenpolitik-Experten der USA öffentlich davor warnten, dass die NATO-Erweiterung zu einer Katastrophe führen würde. Kapitel 6 beschreibt, wie die Verantwortlichen der gescheiterten Erweiterungspolitik der NATO ihre Fehler nun wiederholen. Kapitel 7 erläutert, wie allzu pessimistische Einschätzungen der Absichten potenzieller Gegner oftmals zu sich selbst erfüllenden Prophezeiungen werden. Kapitel 8 enthält eine kontrafaktische Geschichte unter der Prämisse, was hätte sein können, wenn der Westen anders gehandelt hätte. Dieser Abschnitt widmet sich zudem der Frage, wer die Hauptverantwortung für die andauernde Katastrophe in der Ukraine trägt.

1.
Westliche Provokationen: 1990–2014

Begonnen hat alles im Jahr 1990, als die Sowjetunion in den letzten Zügen lag und westliche Staatsmänner eine Wiedervereinigung von Ost- und Westdeutschland unter der Schirmherrschaft der NATO anstrebten. Eine Voraussetzung dafür war, dass Moskau zum Abzug seiner rund 400.000 Soldaten aus der DDR bereit war. Zur Beschwichtigung Moskaus gaben westliche Regierungen zu verstehen, dass die NATO nicht nach Osten in Richtung der russischen Grenze expandieren würde. Laut einer Analyse des National Security Archive an der George Washington University, wo entsprechende freigegebene Dokumente aufbewahrt werden, „[haben] westliche Staatschefs während des deutschen Wiedervereinigungsprozesses im Jahr 1990 und bis ins Jahr 1991 hinein Gorbatschow und anderen sowjetischen Funktionären eine Fülle von Zusicherungen hinsichtlich der sowjetischen Sicherheit gemacht". Diese Zusicherungen betrafen nicht nur die Frage der NATO-Erweiterung auf das Gebiet der ehemaligen DDR, wie manchmal behauptet wird, sondern auch die Ausweitung der NATO auf die osteuropäischen Länder. Dennoch begann die NATO innerhalb weniger Jahre, sich in Richtung der russischen Grenze auszudehnen. Auch wenn diese Zusicherungen nicht in formelle Verträge gegossen wurden, waren „spätere sowjetische und russische Beschwerden hinsichtlich der NATO-Erweiterung in die Irre geführt worden zu sein", nicht einfach nur russische Propaganda, sondern stützten sich vielmehr „in zeitgleichen schriftlichen [Memoranden] auf höchster Ebene" der westlichen Regierungen.[5] Joshua R. Shifrinson kam zu einer ähnlichen Schlussfolgerung in der Zeitschrift *International Security*. Er sieht es als bewiesen an, dass „die Vereinigten Staaten die Sowjetunion in die Irre geführt" und gegen die Inhalte der Verhandlungen verstoßen haben.[6] In einem Interview am Belfer Center der Harvard Kennedy School beschrieb Shifrinson seine Archivrecherchen so:

> Ich konnte mir parallel anschauen, was man den Sowjets ins Gesicht sagte und was man sich in den USA in den Hinterzimmern erzählte. Viele der Russen ... haben wiederholt behauptet, dass die USA 1990 der Nichterweiterung informell zugestimmt hätten. Und in den letzten 25 Jahren haben westliche Politiker, zumindest in den USA, eindeutig gesagt: „Nein, das haben wir nicht. Es wurde nichts schriftlich festgehalten und nichts unterschrieben, also ist es irrelevant, ob [wir] das getan haben." Aus dem, was ich [in den Archiven] gefunden habe, erschließt sich mir, dass das russische Narrativ im Prinzip genau den tatsächlichen Ereignissen entspricht.[7]

Ich will durch die Schilderung dieses Vorfalls nicht behaupten, dass die westlichen Zusicherungen rechtsverbindlich gewesen seien oder deren Nichteinhaltung den Einmarsch Russlands in die Ukraine vollständig erklärt. Tatsächlich sind die amerikanischen, europäischen und

Westliche Provokationen: 1990-2014

sowjetischen Gespräche der Jahre 1990 und 1991 über die NATO-Erweiterung Gegenstand aktueller Debatten.[8] Ich möchte lediglich darauf hinweisen, dass der Westen versuchte, Moskau bewusst zu täuschen, und dass durch diese Situation auf russischer Seite das Gefühl entstand, man könne der NATO und insbesondere den USA nicht trauen.

Obwohl bereits Mitte der 1990er Jahre die weitere Entwicklung der NATO-Erweiterung klar wurde, erfolgte der erste entscheidende Schritt 1999, als die NATO drei osteuropäische Staaten formell aufnahm. In einem kürzlich veröffentlichten Interview kommentierte der Oberst der US-Armee (a.D.) Douglas Macgregor, Ph.D., ein bekannter Kommandant in Irak, der an der Ausarbeitung der amerikanischen Kriegspläne für Europa beteiligt war, die Aufnahme eines dieser Länder wie folgt:

> Als wir 1999 beschlossen, Polen aufzunehmen, ... machten sich die Russen große Sorgen – nicht so sehr, weil die NATO damals feindlich gesinnt war, sondern weil sie wussten, dass Polen es war. Polen blickt auf eine lange Geschichte der Feindseligkeit gegenüber Russland zurück ... Polen war zu diesem Zeitpunkt sozusagen ein potenzieller Katalysator für einen Krieg mit Russland.[9]

Im Jahr 2001, zwei Jahre nach der Aufnahme dieser ersten Gruppe neuer NATO-Mitglieder, trat US-Präsident George W. Bush einseitig vom ABM-Vertrag (Vertrag über die Begrenzung von antiballistischen Raketenabwehrsystemen) zurück. 2004 nahm die NATO dann weitere osteuropäische Staaten wie Rumänien und das an Russland grenzende Estland auf. Zu diesem Zeitpunkt hatte sich die NATO bereits beinahe 1.500 Kilometer in Richtung Russland ausgedehnt.

Beim NATO-Gipfel 2008 in Bukarest gab die NATO im sogenannten Bukarester Memorandum bekannt, dass sie die Ukraine und Georgien als Mitgliederstaaten aufnehmen wollen. Beide Länder grenzen an Russland. Einige europäische NATO-Mitglieder hatten ernsthafte Vorbehalte, doch die Regierung von Präsident George W. Bush nutzte die Position der USA als ranghöchstes Mitglied des Bündnisses, das Thema voranzutreiben. Folgende unmissverständliche Erklärung wurde in das Memorandum aufgenommen: „Wir sind heute übereingekommen, dass diese Länder [die Ukraine und Georgien] Mitglieder der NATO werden." Es wurden jedoch keine formellen Schritte zur tatsächlichen Aufnahme dieser Länder ergriffen.

Der mögliche Beitritt der Ukraine und Georgiens stellte für Russland von Anfang an eine existenzielle Bedrohung dar. Die Ukraine teilt eine beinahe 2.000 Kilometer lange Landgrenze mit Russland, die stellenweise nur 600 Kilometer von Moskau entfernt ist. Im Jahr 2008 sandte der heutige CIA-Direktor William J. Burns, damals US-Botschafter in Russland, ein Telegramm nach Washington, in dem er ein Treffen mit dem russischen Außenminister beschrieb. Er merkte darin an, dass der NATO-Beitritt der Ukraine und Georgiens für Russland eine rote Linie darstellt, die nicht überschritten werden darf. Diese Einschätzung schlug sich auch in der Überschrift des Telegramms nieder: „Nyet Means Nyet [Nein heißt Nein]: Russlands rote Linien bei der NATO-Erweiterung." Burns schrieb damals: „Russland sieht dies nicht nur als eine Einkreisung und als ein Bestreben, Russlands Einfluss in der Region zu untergraben, sondern fürchtet auch unvorhersehbare und unkontrollierbare

Westliche Provokationen: 1990-2014

Folgen, durch welche russische Sicherheitsinteressen ernsthaft beeinträchtigt werden würden."[10]

Im August 2008, vier Monate nach der Ankündigung der NATO bezüglich der Ukraine und Georgien, marschierte die russische Armee in Georgien ein und begann einen kurzen Krieg mit den georgischen Streitkräften (als „Kaukasischer Fünftagekrieg" oder „Georgienkrieg" bekannt). Der Auslöser für den Einmarsch Russlands war, dass das – von den USA finanzierte, bewaffnete und ausgebildete – georgische Militär einen massiven, 14-stündigen Artillerie- und Raketenangriff auf ein halbautonomes georgisches Gebiet (Südossetien) unternommen hatte. Dieses Gebiet grenzt an Russland und unterhält enge Beziehungen dorthin. Es ist bemerkenswert, dass der Angriff nur wenige Tage nach einer Militärübung stattfand, welche die USA mit 2.000 Soldaten in Georgien durchgeführt hatten. Offizielle amerikanische Stellen und die US-Medien haben den russischen Einmarsch zuweilen fälschlicherweise als grundlose Invasion beschrieben.[11]

Abgesehen von der unmittelbaren Provokation durch den georgischen Angriff war das Vorgehen Russlands eher eine Reaktion auf das Vordringen westlicher Streitkräfte – insbesondere der von den USA angeführten NATO – an seine Grenze. Wie Oberst Macgregor später erklärt:

> Die Russen griffen schließlich in Georgien ein, und der alleinige Zweck dieser Intervention bestand darin, uns [den USA] zu signalisieren, dass Russland kein NATO-Mitglied an seinen Grenzen duldet, vor allem kein Mitglied, welches ihm gegenüber feindlich gesinnt ist, was die georgische Regierung zu diesem Zeitpunkt war. Womit wir es also jetzt zu tun haben [der Krieg in der Ukraine],

ist meiner Meinung nach genau das, was Botschafter Burns befürchtete, als er erklärte, Nein heißt Nein.[12]

Ende 2013 und Anfang 2014 fanden auf dem Kiewer Majdan („Unabhängigkeitsplatz") regierungsfeindliche Proteste statt. Diese von den USA unterstützten Proteste wurden von gewalttätigen Provokateuren untergraben. Die Gewalt kulminierte schließlich in einem Staatsstreich. Bei diesem übernahmen bewaffnete, rechtsextreme ukrainische Ultranationalisten Regierungsgebäude und zwangen den demokratisch gewählten pro-russischen Präsidenten zur Flucht ins Ausland. John Mearsheimer, Professor für Politikwissenschaft an der Universität von Chicago, beschrieb die Folgen so: „Die neue Regierung in Kiew war durch und durch pro-westlich und anti-russisch, und ihr gehörten vier hochrangige Mitglieder an, die zu Recht als Neofaschisten bezeichnet werden konnten."[13]

Die USA spielten bei diesen Ereignissen eine Rolle, auch wenn das volle Ausmaß ihrer Beteiligung und die Frage, ob sie die Gewalt direkt geschürt haben, möglicherweise nie vollständig öffentlich geklärt werden. Fest steht jedenfalls, dass die USA seit 1991 fünf Milliarden US-Dollar in von ihnen ausgewählte pro-demokratische Organisationen in der Ukraine gesteckt haben[14], und dass sie schon einen Monat vor dem Staatsstreich hinter den Kulissen nach einem Nachfolger für den amtierenden Präsidenten gesucht haben. Letzteres wurde bekannt, als ein Telefongespräch zwischen der stellvertretenden US-Außenministerin Victoria Nuland und dem US-Botschafter in der Ukraine, Geoffrey Pyatt, abgehört oder geleakt und anschließend online veröffentlicht wurde. Im Laufe des Gesprächs verwendete Nuland einen derben Ausdruck in Bezug auf die

EU, was zu Spannungen zwischen Washington und europäischen Hauptstädten führte.[15] Wie Stephen F. Cohen, der mittlerweile verstorbene berühmte Professor für Russistik an der Princeton University und der New York University, feststellte:

> Wie vorherzusehen war, konzentrierten sich die Medien auf die Quelle des Leaks und auf Nulands verbale Entgleisung – „Fuck the EU" [Scheiß auf die EU]. Die wichtigste Enthüllung war jedoch, dass hochrangige US-Funktionäre insgeheim geplant hatten, durch den Sturz oder eine Neutralisierung des demokratisch gewählten Präsidenten des Landes eine neue, anti-russische Regierung ins Amt zu bringen ...[16]

Egal welche Rolle die USA dabei spielten, ging Russland zu Recht davon aus, dass die Amerikaner tief verstrickt waren – auf jeden Fall dabei, die Grundlage für den Staatsstreich vorzubereiten, und möglicherweise auch dabei, Gewalt zu schüren. Russland annektierte die Krim als Gegenantwort darauf – und zum Teil aus der begründeten Sorge, dass die nach dem Staatsstreich eingesetzte Regierung bzw. ihre westlichen Partner Russland den Zugang zu seinem wichtigen eisfreien Flottenstützpunkt in Sewastopol auf der Krim verwehren könnten, über dessen Nutzung Russland zuvor verhandelt hatte. John Mearsheimer schreibt:

> Laut dem ehemaligen Botschafter in Moskau, Michael McFaul, war die Annexion der Krim durch Putin nicht von langer Hand geplant: Es war ein impulsiver Schritt als Reaktion auf den Staatsstreich, welcher den pro-russischen Präsidenten der Ukraine stürzte. Tatsächlich

bestand bis dahin das Ziel der NATO-Erweiterung darin, ganz Europa in eine riesige Friedenszone zu verwandeln, und nicht [darin], ein gefährliches Russland einzudämmen. Bei Ausbruch der Krise [auf der Krim] konnten die amerikanischen und europäischen Politiker jedoch nicht zugeben, dass sie diese durch den Versuch, die Ukraine in den Westen zu integrieren, provoziert hatten. Sie erklärten Russlands Revanchismus und seinen Wunsch, die Ukraine zu dominieren oder gar zu erobern, zur wahren Ursache des Problems.[17]

2.
Westliche Provokationen: 2014–2022

Obwohl einige oder sämtliche der oben beschriebenen westlichen Provokationen im Westen allgemein anerkannt sind, wird manchmal behauptet, dass es nach 2014 keine neuen Provokationen gegeben habe. Aufgestellt wird diese Behauptung meist im Rahmen des breitgefassten Arguments, dass zwischen dem Staatsstreich von 2014 und dem Einmarsch Russlands, der 2022 stattfand, acht Jahre liegen. Deswegen treffe die Behauptung, Putins Verhalten sei in der Gefährdung der nationalen Sicherheit begründet, nicht zu. Tatsächlich setzte der Westen seine Provokationen gegenüber Russland auch nach 2014 fort. Sie wurden sogar noch verschärft und haben sich dahingehend verändert, dass sie eine direktere Bedrohung für Russlands Sicherheit darstellten.

Nachdem Russland die Kontrolle über die Krim übernommen hatte, starteten die USA ein umfassendes Programm zur militärischen Unterstützung der Ukraine. Laut dem Congressional Research Service der USA beläuft es sich seit 2014 auf über vier Milliarden US-Dollar – die seit Kriegsausbruch 2022 geleisteten Militärhilfen sind dabei noch nicht berücksichtigt – die zum Großteil vom Außen- und Verteidigungsministerium bereitgestellt wurden.[18] Ein Ziel dieses Programms ist die „Verbesserung der

Interoperabilität mit der NATO" – ungeachtet der Tatsache, dass die Ukraine (noch) nicht Mitglied der NATO ist. Im Jahr 2016 haben die USA, nachdem sie zuvor den ABM-Vertrag (Vertrag über die Begrenzung von antiballistischen Raketenabwehrsystemen) gekündigt hatten, einen ABM-Standort in Rumänien in Betrieb genommen. Der ABM-Standort dient vordergründig der Verteidigung, verfügt jedoch über Raketenabschussrampen vom Typ Mark 41 „Aegis". Diese können verschiedenste Raketentypen aufnehmen: nicht nur ABMs, welche anfliegende ballistische Raketen abschießen sollen, sondern auch – und das ist entscheidend – nuklear bestückte Angriffswaffen wie Tomahawk-Marschflugkörper. Tomahawks haben eine Reichweite von bis zu 2.500 Kilometern und können Moskau und andere Ziele tief in Russland treffen. Zudem können sie nukleare Sprengköpfe mit einer variablen Sprengkraft von bis zu 150 Kilotonnen tragen. Das entspricht etwa dem Zehnfachen der Atombombe, die Hiroshima zerstört hat. Ein ähnlicher Aegis-Standort wird gerade in Polen errichtet und soll bis Ende 2022 in Betrieb genommen werden. Die Aegis-Abschussrampen an diesen Standorten können je 24 Raketen aufnehmen, wodurch es möglich ist, 48 Tomahawk-Marschflugkörper aus relativ kurzer Entfernung auf Russland abzuschießen.

Putin hat wiederholt betont, dass die Präsenz dieser offensivfähigen Aegis-Abschussvorrichtungen nahe der russischen Grenze eine direkte Gefahr für Russland darstellt. Die USA beteuern jedoch, dass die ABM-Standorte dazu dienen, auf Europa gerichtete Sprengköpfe aus dem Iran oder aus Nordkorea abzufangen. Angesichts dessen, dass die Abschussrampen eine mögliche offensive Bedrohung nahe der russischen Grenze darstellen, könnte ein amerikanisches Ziel – womöglich sogar das Hauptziel – bei der Errichtung dieser ABM-Standorte darin bestehen, zusätzlichen offensiven Druck auf Moskau auszuüben und gleichzeitig glaubhaft zu leugnen, dass eine solche Bedrohung beabsichtigt ist.

Die USA beschwichtigten Putins Bedenken gegenüber den ABM-Standorten mit der Zusicherung, dass die USA keine Absicht hätten, die Abschussrampen für einen offensiven Einsatz zu konfigurieren. Diese Antwort verlangt jedoch von den Russen, selbst in einer Krise auf die erklärten Absichten der USA zu vertrauen, anstatt anhand des Potenzials der Systeme eine Bedrohungsanalyse durchzuführen. Es trägt nicht zu Russlands Sicherheitsgefühl bei, wenn in der Aegis-Marketingbroschüre von Lockheed Martin, dem Hersteller der Abschussrampen, festgehalten wird: „Das System kann in jeder Zelle jede beliebige Rakete aufnehmen – eine Fähigkeit, welche eine beispiellose Flexibilität bietet."[19]

Im Jahr 2017 begann die Regierung von Präsident Donald Trump, tödliche Waffen an die Ukraine zu verkaufen. Das stellte eine Abkehr von der Politik der Jahre 2014 bis 2017 dar, in denen nur nicht-tödliche Produkte verkauft wurden (z. B. Schutzwesten und verschiedene technische Ausrüstung). Die Regierung von Trump bezeichnete diese neuen Verkäufe als „defensiv". Bei tödlichen Waffen sind die Kategorien „offensiv" und „defensiv" jedoch in erster Linie eine Frage der Perspektive: defensiv für jene, welche die Waffen besitzen, offensiv für jene, welche ins Visier genommen werden. Wie John Mearsheimer feststellte, „sahen diese Waffen für Moskau allerdings offensiv aus".[20]

2019 stiegen die USA einseitig aus dem Washingtoner Vertrag über nukleare Mittelstreckensysteme von 1987 aus.

Auf die strategische Bedeutung dieses Schrittes werde ich in Kapitel 4 eingehen.

Die USA waren nicht die einzigen, die damit begannen, tödliche Waffen an die Ukraine zu verkaufen. Sie waren auch nicht die einzigen, die sich militärisch mit der Ukraine abstimmten, obwohl diese noch kein NATO-Mitglied war. Mearsheimer merkt dazu Folgendes an:

> Andere NATO-Länder schlossen sich an, lieferten Waffen an die Ukraine, bildeten ihre Streitkräfte aus und erlaubten ihr die Teilnahme an gemeinsamen Luft- und Seemanövern. Im Juli 2021 veranstalteten die Ukraine und die USA gemeinsam ein großes Marinemanöver in der Schwarzmeerregion, an dem Seestreitkräfte aus 32 Ländern teilnahmen. Die Operation Sea Breeze hätte Russland beinahe dazu provoziert, auf einen britischen Zerstörer zu feuern, der absichtlich in ein Gebiet eindrang, welches Russland als sein Hoheitsgewässer betrachtet.[21]

Sogar als westliche Staaten außerhalb der NATO das ukrainische Militär bewaffneten, ausbildeten und sich mit ihm abstimmten, führte die NATO selbst in der Region um Russland verstärkt Militärmanöver durch. So veranstaltete zum Beispiel die NATO im Jahr 2020 in Estland eine Übung mit scharfen Waffen – nur knapp mehr als 100 Kilometer von der russischen Grenze entfernt. Dabei wurden taktische Raketen mit einer Reichweite von bis zu 300 Kilometern eingesetzt. Solche Waffen können russisches Territorium mit minimaler Vorwarnzeit treffen. Im Jahr 2021 feuerte die NATO wiederum in Estland 24 Raketen ab, um einen Angriff auf Luftverteidigungsziele innerhalb Russlands zu simulieren.[22] Der Westen erklärt zwar, dass

Westliche Provokationen: 2014–2022

solche Raketen nur nach einem Angriff Russlands eingesetzt werden würden, aber kein vernünftiger Militärstratege würde die nationale Sicherheit aufgrund der erklärten Absichten eines potenziellen Feindes aufs Spiel setzen. Vielmehr würde dieser Stratege auf die Offensivfähigkeit und den Standort der Waffen achten.

Während sie diese militärischen Aktivitäten aktiv fortsetzte, erklärte die NATO weiterhin, dass die Ukraine der NATO beitreten wird. Bei ihrem Gipfel im Juni 2021 in Brüssel bestätigte die NATO ihr Engagement: „Wir bekräftigen den 2008 auf dem Gipfel in Bukarest gefassten Entschluss, dass die Ukraine ein Mitglied des Bündnisses wird."[23] Zwei Monate später, im August 2021, unterzeichneten die Verteidigungsminister der USA und der Ukraine einen strategischen Verteidigungsrahmen zwischen ihren beiden Ländern.[24] Dieser Rahmen überträgt die Erklärung der NATO in eine bilaterale (amerikanisch-ukrainische) politische Entscheidung, die militärischen Verhältnisse vor Ort unverzüglich zu ändern, unabhängig davon, ob die Ukraine Mitglied der NATO ist oder nicht. Neun Wochen danach unterzeichneten die Außenminister der beiden Staaten ein ähnliches Dokument, die Charta der strategischen Partnerschaft zwischen den USA und der Ukraine.[25] Dieses Dokument bezog sich ebenso wie das zuvor von den Verteidigungsministern unterzeichnete auf die NATO-Erklärungen von 2008 und 2021 und setzte diese Erklärungen bilateral um – unverzüglich und ungeachtet dessen, was mit der NATO geschehen würde.

Im Zeitraum 2017 bis 2021 gab es daher nahe der russischen Grenze ein Zusammentreffen zweier Arten von militärischen Aktivitäten. Die eine Art bezog sich auf die bilateralen militärischen Beziehungen und beinhaltete umfangreiche Lieferungen tödlicher Waffen sowie gemeinsame Ausbildungs- und Interoperabilitätsübungen der Ukraine und des Westens, welche in der Ukraine stattfanden. Zudem wurden offensivfähige Raketenabschussrampen in Rumänien in Betrieb genommen – Polen sollte bald folgen. Die andere betraf militärische Aktivitäten der NATO selbst und umfasste Abschussübungen mit scharfen Raketen. Diese sollten Angriffe auf Ziele in Russland simulieren. Dass die simulierten Angriffe von einem an Russland angrenzenden NATO-Land ausgingen, das entgegen früheren Zusicherungen gegenüber Moskau in die NATO aufgenommen worden war, machte die Sache noch schlimmer. All das geschah vor dem Hintergrund einer erneuten Zusicherung, dass die Ukraine in die NATO aufgenommen werden würde. Russland empfand dieses Zusammentreffen militärischer Aktivitäten als direkte Bedrohung seiner Sicherheit. Mearsheimer erklärt:

> Wenig überraschend empfand Moskau diese Entwicklung als untragbar und begann, seine Armee an der ukrainischen Grenze zu mobilisieren, um Washington gegenüber seine Entschlossenheit zu verdeutlichen. Das zeigte jedoch keine Wirkung und die Biden-Regierung näherte sich der Ukraine weiter an. Dies brachte Russland dazu, im Dezember [2021] eine diplomatische Pattsituation herbeizuführen. Oder wie es der russische Außenminister Sergei Lawrow formulierte: „Wir haben unseren Siedepunkt erreicht."[26]

Im Dezember 2021 wies zudem der russische Botschafter in den USA in der Zeitschrift *Foreign Policy* darauf hin, dass die NATO jährlich etwa 40 große Übungen in der Region um Russland durchführt. Er warnte: „Die Situation ist äußerst gefährlich." Er bekräftige damit erneut, was 13 Jahre zuvor William Burns in seinem „Nyet Means Nyet"-Telegramm deutlich gemacht hatte:

> Alles hat seine Grenzen. Wenn unsere Partner [die USA und die NATO-Länder] weiterhin militärisch-strategische Tatsachen schaffen, welche die Existenz unseres Landes gefährden, sehen wir uns dazu gezwungen, bei ihnen ähnliche Gefährdungen herzustellen. Wir befinden uns jetzt an einem Punkt, an dem kein Rückzug mehr möglich ist. Die militärische Erschließung der Ukraine durch NATO-Mitgliedstaaten ist eine existenzielle Bedrohung für Russland.[27]

Mearsheimer beschreibt, was danach geschah:

> Russland verlangte eine schriftliche Garantie, dass die Ukraine niemals Teil der NATO werden wird, und dass das Bündnis die militärischen Ressourcen, die es seit 1997 in Osteuropa stationiert hat, wieder abzieht. Die anschließenden Verhandlungen scheiterten, als [US-Außenminister] Blinken klarstellte: „Es sind keine Änderungen eingetreten. Es wird keine Änderungen geben." Einen Monat später befahl Putin die Invasion der Ukraine, um die seiner Meinung nach von der NATO ausgehende Bedrohung zu beseitigen.[28]

3.
Aus umgekehrter Perspektive betrachtet

Betrachtet man die soeben beschriebene 30-jährige Geschichte, muss man sich Folgendes fragen: Wie würde die Führung der USA in der umgekehrten Situation reagieren – wenn zum Beispiel Russland oder China in der Nähe des amerikanischen Territoriums ähnliche Schritte durchführen würden? Wie würde Washington reagieren, wenn Russland ein Militärbündnis mit Kanada eingeht und dann knapp mehr als 100 Kilometer von der US-Grenze entfernt Raketenbasen errichtet? Was würde geschehen, wenn Russland diese Raketenbasen für Übungen mit scharfen Waffen nutzt, um die Zerstörung von militärischen Zielen in Amerika zu proben? Würde die US-Regierung die mündlichen Zusicherungen Russlands akzeptieren, dass seine Absichten friedlich sind?

Natürlich nicht. Wahrscheinlich würde die Reaktion folgendermaßen aussehen: Die Militärstrategen und Politiker der USA würden sich mit dem offensiven Potenzial der Waffen und Trainingsübungen befassen. Sie würden den erklärten Absichten keine Beachtung schenken und sich ernsthaft bedroht fühlen. Sie könnten die Übungen mit scharfen Waffen als Zeichen eines bevorstehenden russischen Angriffs deuten. Die USA würden den Abzug der Raketen verlangen. Wenn diese Forderung nicht umgehend erfüllt wird, könnten die USA mit einem Präventivschlag auf die Raketenbasen reagieren. Das könnte wiederum einen allgemeinen Krieg und womöglich eine Eskalation bis hin zu einem thermonuklearen Schlagabtausch auslösen. Die US-Führung und sicherlich auch die meisten US-Bürger würden dann Russland die moralische Schuld für Amerikas Präventivschlag zuschreiben und diesen als Selbstverteidigung bezeichnen.

Seit die Monroe-Doktrin vor beinahe 200 Jahren formuliert wurde, gestatten die USA es potenziell bedrohlichen ausländischen Mächten grundsätzlich nicht, Streitkräfte in der westlichen Hemisphäre zu stationieren. Dadurch wird der Grundsatz der US-Politik deutlich, dass die geografische Nähe von Truppen von strategischer Bedeutung ist, unabhängig von den erklärten Absichten. Diese Überzeugung bildet den Eckpfeiler der amerikanischen Außenpolitik.

Doch in ihren Beziehungen zu Russland handeln die USA allein oder manchmal gemeinsam mit ihren NATO-Verbündeten unter grober Missachtung derselben Grundsätze, selbst wenn diese auf lokaler Ebene – also in unmittelbarer Nähe zu Russland – angewendet werden. Die USA ziehen sich einseitig aus Rüstungskontrollverträgen zurück, schüren antirussische Revolutionen in Nachbarländern Russlands und bringen ihre Streitkräfte und ihre Manöver nahe an russisches Territorium heran. Diese Schritte rechtfertigen sie damit, dass die Absichten des Westens friedfertig seien und das Ziel lediglich darin bestehe, Russland von einem Angriff abzuschrecken. Dabei schienen sie sich keine Gedanken darüber zu machen, wie vernünftige russische Politiker und Militärstrategen sowie russische Durchschnittsbürger dieses Verhalten auffassen könnten – oder wie ein solches Vorgehen im Laufe der Zeit politische sowie militärische Positionen und Entscheidungen Russlands beeinflussen könnte. Oberst Macgregor beschreibt das so:

> Ich habe immer wieder versucht den Menschen zu erklären, dass das, was in der Ukraine geschieht, für die Russen eine existenzielle Angelegenheit ist. Die Ukraine ist kein weit entferntes Land in Nordafrika. Die Ukraine grenzt unmittelbar an Russland. Russland wird keine ausländischen Streitkräfte und Waffen in einem Land dulden, das ihm feindlich gesinnt ist und möglicherweise seine Existenz bedrohen könnte. Ich habe eine Analogie zu Mexiko gezogen und frage die Leute: „Versteht ihr nicht, was wir tun würden, wenn die Russen, die Chinesen oder irgendwer anderer Truppen in Mexiko stationieren würden?"[29]

1962 stationierten die Sowjets Atomraketen auf Kuba und lösten dadurch die Kubakrise aus. Dies geschah kurz nachdem die USA mit nuklearen Sprengköpfen bestückte Jupiter-Raketen in der Türkei stationiert hatten, was jedoch weniger bekannt ist. Beendet wurde die Krise schließlich dadurch, dass die Sowjets ihre Raketen im Rahmen einer geheimen Vereinbarung zwischen den USA und der Sowjetunion abzogen. Dieser zufolge sollten beide Länder die beanstandeten Waffen wieder abziehen, was ebenso wenig bekannt ist. Wie vereinbart zogen die USA in aller Stille ihre Raketen aus der Türkei ab – mehrere Monate nachdem die Sowjets ihre Raketen aus Kuba abgezogen hatten.

Der Zusammenhang zwischen dem Abzug der Raketen wurde nicht öffentlich gemacht. Deshalb zogen viele im Westen aus der Kubakrise eine falsche Lehre. Sie schlussfolgerten fälschlicherweise, dass die USA durch eine unerbittliche Zurschaustellung von Stärke und die Androhung einer nuklearen Eskalation ein hochriskantes strategisches Spiel gewonnen hatten. Tatsächlich wurde ein Atomkrieg durch einen Kompromiss vermieden. Dieser kam zustande, weil Präsident John F. Kennedy zuvor ein gutes persönliches Verhältnis zum sowjetischen Regierungschef gepflegt hatte. Dadurch konnte er glaubwürdig und vertrauensvoll verhandeln und so die Situation deeskalieren.[30] Die heutige Situation ist natürlich eine ganz andere.

Schließlich sollte noch etwas dazu gesagt werden, ob die westlichen Staaten 1990 und 1991 zugesagt hatten, die NATO nicht in Richtung der russischen Grenze zu erweitern. Das Thema der westlichen Zusagen hat in den Augen vieler Beobachter große Bedeutung erlangt. Einige dieser Beobachter vertreten die Meinung, dass mangels formeller vertraglicher Verpflichtungen keine tatsächlichen Zusagen gemacht wurden; oder sie behaupten, dass Zusagen gemacht wurden, diese aber rechtlich nicht bindend waren. Andere versichern, dass die NATO nicht wirklich die Absicht hat, der Ukraine in den nächsten Jahren die Mitgliedschaft anzubieten. Dadurch sei die gesamte Frage der Mitgliedschaft der Ukraine bedeutungslos. Zwei Punkte sind hier wichtig.

Erstens: Ob nun die Osterweiterung der NATO gegen formelle Vertragsverpflichtungen verstoßen hat oder nicht – was eindeutig nicht der Fall war – die Missachtung des Westens seiner eigenen Zusicherungen gegenüber Russland wirft die Frage auf, ob sich Putin und andere russische Politiker getäuscht, gedemütigt und nicht respektiert gefühlt haben. Dieses Verhalten des Westens hat ein grundlegendes Misstrauen geschürt und die daraufhin folgenden Handlungen haben dieses Misstrauen noch weiter verstärkt. Zweitens: Selbst wenn wir in einem Gedankenspiel unterstellen, dass der Westen seine Absichten nicht falsch dargestellt hat, d. h. wenn wir als reine Diskussionsgrundlage davon ausgehen, dass es keine Zusicherungen gegeben hat, dann bleibt dennoch der tatsächliche militärische Eingriff der NATO und des Westens als größeres Problem bestehen. Letztlich ist es nicht ausschlaggebend, ob 1990–1991 Zusicherungen gemacht wurden. Es ist auch nicht ausschlaggebend, ob die militärische Bedrohung durch bilaterale oder multilaterale Aktionen zwischen der Ukraine und westlichen Staaten von der NATO ausging oder von außerhalb der NATO. Drohungen sind Drohungen, unabhängig von den Worten oder Taten, die diesen vorausgehen, und unabhängig vom administrativen Weg, auf dem sie zustande kommen. Wichtig ist vielmehr die Antwort auf diese Frage: Wie ist die Situation vor Ort, und wie kann eine Nation, deren Interesse ihr eigener Weiterbestand ist, und eine umsichtige Führung, die diesen Weiterbestand sicherstellen soll, auf eine solche Bedrohung reagieren? Das gilt es zu verstehen, wenn man die Frage der westlichen Aktionen und Provokationen betrachtet.

4.
Russische Befürchtungen eines Erstschlags der Amerikaner

2019 traten die USA während der Amtszeit von Präsident Trump aus dem 1987 geschlossenen INF-Vertrag (Washingtoner Vertrag über nukleare Mittelstreckensysteme) aus, mit der Begründung die Russen hätten die Vereinbarung umgangen. (Die Vertragsverpflichtungen waren von Russland nach Auflösung der Sowjetunion akzeptiert worden, wie es auch beim ABM-Vertrag der Fall gewesen war.) Mittelstreckenraketen sind definiert als Boden-Boden-Raketen mit einer Reichweite von 800 bis 5.500 Kilometern – länger als Gefechtsfeldwaffen, kürzer als Langstreckenwaffen wie ICBMs (Interkontinentalraketen). Die behauptete Täuschung war formaler Natur und tatsächlich behaupteten sowohl die USA als auch Russland mit plausiblen Argumenten, die jeweilige Gegenseite würde den Zweck – oder gar den Wortlaut – des Vertrags verletzen.

Egal ob nun eines, beide oder keines der Länder formal gesehen gegen den Vertrag verstoßen hat, ausschlaggebend ist, dass sich die USA einseitig zurückgezogen haben, anstatt sich aktiv um eine Lösung der Probleme zu bemühen. Möglicherweise witterten die Amerikaner dabei einen militärischen Vorteil, weil die fraglichen Raketen in

Europa in der Nähe Russlands stationiert werden sollten, während Russland nicht geplant hatte, Waffen in ähnlicher Entfernung zu den USA zu stationieren. Zudem war wohl der Vorwurf des Verstoßes durch Russland in erster Linie ein Vorwand der USA, um aus dem Vertrag auszusteigen und Mittelstreckenraketen gegen China stationieren zu können, dessen Bemühungen bei Nuklearwaffen gleichzuziehen durch den Vertrag von 1987 nicht eingebremst wurden.

Abgesehen von China dürfte der Ausstieg der USA aus dem Vertrag, vor allem auf einen taktischen Vorteil gegenüber Russland abgezielt haben. Dabei wurden größere strategischer Gefahren in Kauf genommen – zum Beispiel: das Risiko, ein erneutes amerikanisch-russisches nukleares Wettrüsten auszulösen; Russland in eine Lage zu zwingen, in der es bereits bei kleinen Störungen zum Angriff bereit ist; die Entwicklung neuer russischer Kernwaffenklassen anzuregen; Russland dazu zu bringen, diese neuen Waffen in ähnlicher Entfernung von US-Territorium zu stationieren; sowie die Destabilisierung der politischen Beziehungen zwischen den USA und Russland auf eine solche Art, die ihre Fähigkeit untergraben könnte, eine nukleare Krise zu entschärfen. Major Brennan Deveraux, ein auf Raketenartillerie und Raketenkrieg spezialisierter Stratege der US-Armee, wies in einem am 28. Januar 2022 auf der militärischen Insider-Website *War on the Rocks* veröffentlichten Kommentar auf dieses Problem hin:

> Das westliche Narrativ ist simpel: Bodengestützte [Mittelstrecken-]Raketen bieten den USA und der NATO neue Möglichkeiten, mit einem wiedererstarkenden Russland und einem aufstrebenden China besser fertig

zu werden. Dieser Ansatz übersieht jedoch die strategischen Auswirkungen des Einsatzes dieser Raketen und vernachlässigt eine mögliche russische Reaktion.[31]

Russland war zutiefst beunruhigt, denn neue, grenznah stationierte US-Raketen könnten bedeuten, dass die USA glauben, im Krisenfall eher einen präventiven Erstschlag ausführen zu können, durch welchen die russischen Kommando- und Kontrollsysteme ausgeschaltet und Russlands Fähigkeit zu einem Vergeltungsschlag verringert werden. Wenn sie mit einem auch nur teilweise wirksamen ABM-Netzwerk abgestimmt werden, schüren Mittelstreckenwaffen somit auf russischer Seite Befürchtungen, dass die Vereinigten Staaten nichts mehr zurückhält. Diese Ängste sind nicht bloß russische Paranoia. Wie zwei von Deveraux zitierte Mitglieder der Deutschen Gesellschaft für Auswärtige Politik erklärten, könnten diese Raketen „Moskaus Kommandostrukturen bedrohen und Russlands militärische Handlungsfähigkeit einschränken". Für Russland wäre also durch die Rettung des INF-Vertrags viel zu gewinnen gewesen. Doch die USA blieben entschlossen und stiegen aus.

Nachdem der Ausstieg aus dem Vertrag eine vollendete Tatsache war, bemühte sich Russland um neue, gegenseitige Beschränkungen und Moratorien für die Stationierung von Raketen. Diese hätten es den USA und Russland ermöglicht, ihre eigenen, aufeinander gerichteten Waffen außer Kraft zu setzen und gleichzeitig Waffen auf China zu richten. Die Amerikaner lehnten den russischen Vorschlag jedoch ab. Major Deveraux merkte an, dass die Reaktion des Westens

> nicht nur die Bedenken Russlands ignorierte, sondern die Wiedereingliederung dieser Raketen [in seine Streitkräftestruktur] als Selbstverständlichkeit behandelte und

sich fast ausschließlich auf den relativen Vorteil konzentrierte, den ihre Stationierung den USA und der NATO verschaffen könnte.

Zudem beschrieb Deveraux, wie die einzelnen Bereiche des US-Militärs sich um die neuen Raketen bemühten:

> Statt interner Debatten über die strategischen Auswirkungen der Wiedereinführung dieser Raketen konzentrierte sich die öffentliche militärische Diskussion auf die Frage, welcher Teil der Streitkräfte für den Einsatz und die Entwicklung zuständig sein wird. Das implizierte, dass der Einsatz der neuen Raketen und ihre Stationierung im Ausland bereits eine ausgemachte Sache war.

Tatsächlich hat Putin im letzten Jahr wiederholt seine Besorgnis über solche Stationierungen zum Ausdruck gebracht. Noch einmal Deveraux:

> Im Oktober 2021, ganz zu Beginn der aktuellen Ukraine-Krise, drückte Putin aus, wie frustriert er über die internationale Gemeinschaft bezüglich seines vorgeschlagenen Raketenmoratoriums war: „Hat überhaupt irgendwer auf unsere Erklärung reagiert, dass wir diese Art von Raketen nicht in Europa einsetzen werden, falls wir sie produzieren, wenn sie uns versichern, dass niemand aus den USA oder der EU dies tun wird? Nein. Sie sind nie darauf eingegangen." In einer Pressekonferenz im Dezember knüpfte er daran an und sagte: „Positionieren wir unsere Raketen vor den Grenzen der USA? Nein, das tun wir nicht. Doch die USA stehen mit ihren Raketen vor unserer Haustür."

Russische Befürchtungen eines Erstschlags der Amerikaner

Die genauen Beweggründe für Putins Invasion der Ukraine sind nicht bekannt, aber wahrscheinlich war ein Zusammentreffen verschiedener Faktoren ausschlaggebend: 1. die laufende Bewaffnung und Ausbildung nach NATO-Standards und die Integration der militärischen Strukturen der Ukraine, der USA und anderer westlicher Mächte durch Vereinbarungen außerhalb der NATO; 2. die ständige Drohung, die Ukraine werde in die NATO aufgenommen; und 3. die Besorgnis über die mögliche Stationierung neuer Mittelstreckenraketen, verstärkt durch die Sorge, die USA könnten in der Ukraine offensivfähige ABM-Abschussvorrichtungen vom Typ Aegis stationieren, auch wenn die Ukraine noch nicht ein Mitglied der NATO ist.

Hinsichtlich des letzten Punkts hatte Putin angesichts der laufenden und fortschreitenden militärischen Abstimmung zwischen den USA und der Ukraine womöglich das Gefühl, dass sich das Zeitfenster schließt, in dem die Stationierung offensivfähiger Aegis-Abschussvorrichtungen in der Ukraine verhindert werden kann, und dass er umgehend handeln muss, wenn er diese Bedrohung abwenden will. Das ist zwar alles eine Spekulation, doch es ist plausibel und passt zu den von Russland zuvor geäußerten Bedenken. Welche Gründe auch letztlich zur Invasion geführt haben, die Bedrohung durch neue Aegis-Stationierungen war wie das zusätzliche Schäufelchen Sand, das man auf eine Sandburg draufschüttet, bevor sie endgültig einstürzt.

5.
Politikexperten haben vor der NATO-Erweiterung gewarnt

In den letzten 30 Jahren haben hochrangige amerikanische Außenpolitikexperten wiederholt davor gewarnt, dass die USA einen schweren politischen Fehler begehen, wenn sie die Erweiterung der NATO nach Osteuropa vorantreiben. Als die NATO 1997 einen großen Schritt in Richtung Erweiterung machte, warnte der damals vielleicht bedeutendste amerikanische Diplomat, George Kennan (in den 1940er Jahren war er ein Vordenker der amerikanischen Eindämmungspolitik und diente später als Botschafter in der Sowjetunion), dass die NATO-Erweiterung „der verhängnisvollste Fehler der amerikanischen Politik in der Ära nach dem Kalten Krieg werden könne". Er beklagte die Sinnlosigkeit des gesamten Erweiterungsprojekts und fragte:

> Warum sollten sich die Ost-West-Beziehungen bei all den verheißungsvollen Möglichkeiten, welche das Ende des Kalten Krieges mit sich brachte, auf die Frage konzentrieren, wer sich mit wem – und infolgedessen gegen wen – in irgendeinem herbeifantasierten, völlig unvorhersehbaren und höchst unwahrscheinlichen künftigen militärischen Konflikt verbündet?[32]

Ein Jahr später kommentierte der damals 94-jährige Diplomat in einem Interview mit Thomas Friedman die Ratifizierung der NATO-Erweiterung durch den Senat so:

> Ich halte das für den Beginn eines neuen Kalten Krieges. Die Russen werden darauf zunehmend negativer reagieren und das wird sich auf ihre Politik auswirken. Ich halte das für einen bedauerlichen Fehler. Es gab dafür überhaupt keinen Grund. Niemand hat jemand anderen bedroht. Angesichts dieser Erweiterung würden sich die Gründerväter im Grabe umdrehen.[33]

Er fügte noch hinzu: „Kapieren das die Menschen nicht? Unsere Differenzen im Kalten Krieg bestanden mit dem kommunistischen Sowjetregime. Und jetzt wenden wir uns von genau den Menschen ab, welche die größte unblutige Revolution der Geschichte angezettelt haben, um dieses Sowjetregime zu beseitigen."

Kennan war mit dieser Meinung nicht allein. Viele andere – einschließlich einiger prominenter Hardliner – sprachen sich ebenso gegen die Erweiterung aus. Dazu gehörten Robert McNamara, ehemaliger Verteidigungsminister, der während des Vietnamkriegs massive Bombenangriffe plante und durchführen ließ; Paul Nitze, ehemaliger Marineminister und stellvertretender Verteidigungsminister, der Kennans Politik der statischen Eindämmung ablehnte und stattdessen ein offensiveres Vorgehen vorzog, durch welches die Russen zur Räumung von Gebieten gezwungen werden; der antikommunistische Harvard-Professor Richard Pipes, der einem Expertengremium vorstand, das für die CIA die strategischen Kapazitäten und Ziele der Sowjetunion analysierte; der

Politikexperten haben vor der NATO-Erweiterung gewarnt

ehemalige CIA-Chef Robert Gates, der später Verteidigungsminister wurde; Jack F. Matlock Jr., der vorletzte Botschafter in der Sowjetunion, der an den Verhandlungen über das Ende des Kalten Krieges beteiligt war; sowie frühere Botschafter in Rumänien, Polen und der BRD. Diese und andere prominente Washington-Insider sprachen sich öffentlich und vehement gegen die NATO-Erweiterung aus.[34] Doch ihr Rat wurde nicht befolgt.

2015 begann der Professor der University of Chicago, John Mearsheimer, öffentlich zu erklären, dass die Russen sich aus Sorge um ihre Sicherheit gezwungen sehen könnten, militärische Maßnahmen zu ergreifen. Dazu zähle auch der Versuch, die Ukraine zu „zerstören", um sie bei der „Kalkulation" des Westens aus dem Spiel zu nehmen, wenn dieser nicht aufhört, die Ukraine militärisch, politisch und wirtschaftlich zu integrieren – eine Warnung, die so vorausschauend wie die von Kennan war.

Etwas überraschend scheinen selbst einige offensiv russophobe Analysten dem Grundtenor der historischen Argumentation von Mearsheimer und anderen Kritikern an der NATO-Erweiterung zuzustimmen. Die Washington-Insiderin und ausgesprochene Russland-Hardlinerin Fiona Hill veranschaulichte unlängst in einem Interview mit dem Online-Magazin *Politico* diesen Punkt.[35] Im letzten Absatz stellt sie fest: „Natürlich haben wir [die Vereinigten Staaten] auch schwere Fehler gemacht." Damit bezieht sich Fiona Hill anscheinend auf ihre eigene Antwort auf diese Frage, die ihr zu Beginn des Interviews gestellt wurde: „Also wird Putin im Moment von Emotionen getrieben und nicht von einem logischen Plan?" Sie korrigierte darauf den Interviewer:

Ich denke, es gibt einen logischen, methodischen Plan, der sehr weit zurückreicht, zumindest bis 2007, als er [Putin] der Welt und insbesondere Europa zu verstehen gab, dass Moskau die weitere Ausweitung der NATO nicht akzeptieren wird. Und 2008 – also innerhalb eines Jahres – öffnete die NATO die Tür für Georgien und die Ukraine. Das geht eindeutig auf diesen Zeitpunkt zurück.

Hill fuhr fort:

Damals war ich im nationalen Nachrichtendienst, und der National Intelligence Council analysierte, wie Russland wahrscheinlich auf die NATO-Erklärung zur „Offenen Tür" reagieren würde. Eine unserer Einschätzungen lautete, dass ein echtes, ernsthaftes Risiko für eine präventive Militäraktion Russlands bestand, die sich nicht nur auf die Annexion der Krim beschränkt, sondern sich in einem viel größeren Umfang gegen die Ukraine und Georgien richten wird. Und natürlich kam es vier Monate nach dem NATO-Gipfel in Bukarest [als die NATO-Politik hinsichtlich der Ukraine und Georgien verkündet wurde] zur Invasion in Georgien. Die ukrainische Regierung zog ihren Antrag auf eine NATO-Mitgliedschaft zurück und deshalb erfolgte damals keine Invasion der Ukraine. Aber wir hätten uns ernsthaft damit auseinandersetzen müssen, wie wir mit diesem möglichen Ausgang und unseren Beziehungen zu Russland umgehen sollten.

Das Bemerkenswerte an Fiona Hills Antwort ist, dass sie mehrere wichtige Punkte anführt, welche von Hardlinern in der Regel nur ungern anerkannt werden. Erstens gibt sie an, der US-Geheimdienst habe 2007 – sieben Jahre vor der Annexion der Krim durch Russland – erkannt, dass ein „echtes, ernsthaftes Risiko" bestand, dass Russland als Reaktion auf die NATO-Erweiterung die Krim annektieren könnte. Zweitens behauptet sie, die Geheimdienstgemeinschaft habe 2007 erkannt, dass die NATO-Erweiterung eine größer angelegte russische Militäraktion auslösen könnte, und zwar nicht nur auf die Krim beschränkt, sondern eine „viel größere Aktion" gegen die Ukraine sowie gegen Georgien. Drittens behauptet Hill, dass die Teilnahme Russlands am Georgienkrieg eine Reaktion auf die NATO-Erweiterung war. Schließlich sagt sie ganz unverblümt, dass Russland, anders als in Georgien, 2008 in der Ukraine nichts unternommen hat, weil „die ukrainische Regierung davon Abstand genommen hatte, eine NATO-Mitgliedschaft zu beantragen".

Durch diese Punkte, insbesondere den letzten, benennt Fiona Hill direkt die entscheidende Rolle der NATO-Erweiterung und militärischer Eingriffe des Westens als Motiv für das Vorgehen Russlands in der Ukraine. Sie scheint also einerseits für eine Hardliner-Position zu argumentieren und gleichzeitig eine Perspektive zu vertreten, die jener von Mearsheimer sehr ähnlich ist. Es ist schwer nachvollziehbar, weshalb sie und ihre gleichgesinnten Politikgurus dieser Perspektive bei ihren Entscheidungen dennoch wenig oder gar kein Gewicht beimessen. Vielmehr tritt diese Perspektive völlig in den Hintergrund. Anstatt die nachteiligen Folgen der NATO-Erweiterung offen einzugestehen, sehen sie in Putins jüngstem Einmarsch in die Ukraine ein unbeherrschtes und grundloses Streben nach territorialer Expansion à la Hitler.

Doch selbst wenn sie Putin ausdrücklich als den neuen Hitler darstellt, scheint Hill die NATO-Erweiterung wieder ins Spiel zu bringen. Auf die Frage „Genauso wie die Welt Hitler nicht kommen sah, haben wir also Putin ebenfalls nicht kommen sehen?", bemerkt Hill:

Wir hätten das sehen sollen. Er [Putin] ist jetzt seit ca. 22 Jahren auf der Bildfläche und steuert seit 2008 auf diesen Punkt zu. Ich glaube allerdings nicht, dass er das von Anfang an vorhatte, aber die Einstellung zur Ukraine und das Gefühl, dass die ganze Ukraine zu Russland gehört, die Verlustgefühle – all das war schon da und hat sich verstärkt.

Es lohnt sich, diese Bemerkung und Hills frühere, oben vollständig zitierte Erklärung einander gegenüberzustellen: „Ich denke, es gibt einen logischen, methodischen Plan, der ... zumindest bis 2007 zurückreicht, als er der Welt zu verstehen gab, dass Moskau die weitere Ausweitung der NATO nicht akzeptieren wird." Wenn man diese beiden Aussagen gemeinsam betrachtet und sich auf Hills Verweise auf die Jahre 2007 und 2008 konzentriert, kann man sie meiner Meinung nach durchaus so verstehen, dass Putin sich *aufgrund* der NATO-Erweiterung in den neuen Hitler verwandelt hat. Ob Putin tatsächlich Züge von Hitler *besitzt*, ist eine ganz andere Frage, aber ich spreche hier nur über die von Hill vermittelte Ansicht.

Bei der Einschätzung von Putins Zielen stellt Hill fest: „Putin will aber nicht unbedingt das ganze Land [Ukraine] besetzen, sondern es aufteilen ... Jedenfalls könnte er damit leben – mit einer zerstückelten, zerschlagenen Ukraine, deren Teile in verschiedenen Staaten liegen." Diese Aussage sollte mit Mearsheimers Prognosen aus dem Jahr 2015 verglichen werden. Er sagte voraus, dass Russland das Bedürfnis verspüren könnte, die Ukraine zu „demolieren" (wie Mearsheimer es ausdrückt), wenn die NATO und der Westen weiterhin in russisches Hoheitsgebiet eindringen.

Hier lassen sich bemerkenswerte Parallelen feststellen. Sowohl Mearsheimer als auch Hill scheinen zu glauben, dass die NATO-Erweiterung die Grundlage für den Wandel im Verhalten Russlands darstellt, der nun im Ukraine-Krieg seinen Höhepunkt gefunden hat. Beide Analysten sind davon ausgegangen, dass Russland als Erwiderung auf die NATO-Erweiterung versuchen könnte, die Ukraine zu „demolieren" – oder, wie Hill es ausdrückt, die Ukraine in eine „zerstückelte, zerschlagene" Nation zu verwandeln. Ich kann zwischen den Meinungen von Hill und Mearsheimer kaum wesentliche Unterschiede erkennen. Was mich jedoch verwirrt, ist, dass Hill in ihrer Gesamtanalyse diesen wichtigen Bereich der Übereinstimmung zwischen ihr und Mearsheimer scheinbar nicht berücksichtigt.

Gegen Ende des Interviews bezeichnet Hill all jene, die den Westen für die Ukraine-Krise verantwortlich machen, als Dummköpfe der russischen Desinformation: „Ich meine, immerhin hat er [Putin] ... bewirkt, dass viele Amerikaner sagen: ‚Gut gemacht, Wladimir Putin', oder dass sie die NATO oder die USA für dieses Ergebnis verantwortlich machen. Genau darauf zielt die Propaganda und psychologische Kriegsführung Russlands ab."

Mit dieser Feststellung ignoriert Hill offenbar ihre eigenen Schlussfolgerungen über die nachteiligen Folgen der NATO-Erweiterung. Zudem trifft es einfach nicht zu, dass diejenigen, welche die Vereinigten Staaten und die NATO für die Krise verantwortlich machen, im Grunde sagen: „Gut gemacht, Wladimir Putin." Vielmehr betrachten diejenigen, welche die Schuld des Westens an der Ukraine-Krise hervorheben, den russischen Einmarsch in die Ukraine als unabwendbare Katastrophe. Sie sehen es als ein Ereignis, das – was immer die Gründe dafür sind – furchtbares

Leid, Zerstörung und Tod gebracht hat. Viele Kritiker der NATO kritisieren nämlich auch Putin ganz offen – und das, obwohl sie auch die Rolle des Westens bei der Verursachung der Krise betonen.

Hill sind natürlich die schrecklichen Folgen des deutschen Einmarschs in Russland im Zweiten Weltkriegs bekannt, wenn sie sich ihre Meinung zum russischen Vorgehen bildet. Sie stellt im Interview sogar fest: „Wladimir Putins eigene Familie hat unter der Belagerung von Leningrad gelitten." Ihr Kommentar ist zutreffend, aber trotzdem eine ziemliche Untertreibung: Laut Stephen F. Cohen „überlebten Putins Mutter und sein Vater nur mit knapper Not lebensgefährliche Verletzungen sowie Krankheiten, und sein älterer Bruder starb bei der Belagerung Leningrads durch die Deutschen. Auch mehrere seiner Onkel kamen ums Leben".[36] Zudem findet man dasselbe Leid, wie Putins Familie es erfahren hat, in ganz Russland. Die genauen Zahlen sind zwar nicht bekannt, aber während der deutschen Invasionen im Zweiten Weltkrieg starben ungefähr 25 Millionen Sowjetbürger. Die Hälfte davon – etwa 12,5 Millionen – in Russland. Das entspricht etwa einem Siebentel der damaligen Bevölkerung Russlands.[37]

Doch anstatt die Relevanz dieser schmerzhaften Geschichte für die Frage der russischen Sicherheit zu erwähnen, anstatt darauf hinzuweisen, wie die NATO-Erweiterung und das Vordringen (oder in den Augen der Russen vielleicht das erneute Vordringen) westlicher Militärmächte an Russlands Grenzen mit dieser Geschichte zusammenhängt, und anstatt eine psychologische Sensibilität Putins aufgrund des Schicksals seiner eigenen Familie auch nur zu vermuten, sieht Hill sich in ihrer Ansicht bestärkt, dass Putin durch seine persönlichen familiären Erfahrungen von einem gefährlichen und irrationalen Expansionsdrang angetrieben ist. Nachdem sie Putins Familie anspricht, fügt sie noch hämisch hinzu: „Doch hier [durch den Einmarsch in die Ukraine] tut Wladimir Putin genau dasselbe, [was Deutschland Russland angetan hat]." Selbst wenn es um Putins eigene Familientraumata geht, scheint Hill in ihrer Analyse russische Sicherheitsbedenken nicht anerkennen zu wollen. Für sie ist alles nur eine Wiederholung von Hitler, Nazi-Deutschland und dem Zweitem Weltkrieg.

Dabei ist die russische Wahrnehmung äußerer Bedrohungen zweifelsohne stark von der Vergangenheit Russlands geprägt. Zu den Invasionen der Deutschen im Ersten und Zweiten Weltkrieg kommt hinzu, dass Russland schon ein Jahrhundert zuvor von Napoleon überfallen worden war, dessen Armee sogar bis nach Moskau kam. Richard Sakwa, Professor für russische und europäische Politik an der University of Kent in England beschreibt das Zusammenspiel zwischen dieser Geschichte und den geografischen Gegebenheiten der Region so: „Moskau ... hat keine zwei großen Ozeane, um sich zu verteidigen. Es hat keine Berge, um sich zu verteidigen. Keine großen Flüsse. Es liegt in einer der riesigen Ebenen Nordeurasiens, besitzt keine schützenden Grenzen und fühlt sich ständig vom Westen bedroht."[38]

Politische Hardliner wie Hill kennen diese Geschichte und die geographischen Gegebenheiten genau. Dennoch betrachten sie diese nicht als potenzielle psychologische Verstärkung von legitimen russischen Sicherheitsbedenken. Stattdessen vermitteln diese Analysten die Ansicht, dass Putin Landeroberungen in der Manier Hitlers vorhat, einer modernen Art der erbarmungslosen Jagd nach Lebensraum. Zudem stellen sie Putin selbst im Wesentlichen als leibhaftigen Hitler dar – paranoid, in der imperialen Vergangenheit lebend und von einem angeborenen russischen Militarismus angetrieben. Diese Art von Analyse kann man nur festhalten, wenn man die Schlussfolgerungen über die NATO-Erweiterung außer Acht lässt, zu denen Hill selbst gelangt ist und welche sie in ihrem Interview mit *Politico* öffentlich dargelegt hat.

6.
Russophobe Politiker wiederholen die Fehler der Vergangenheit

Die westliche Politik gegenüber Russland und der Ukraine ist eindeutig gescheitert. Doch ungeachtet dessen beharren die Verantwortlichen für die jahrzehntelangen provokativen Maßnahmen der USA und der NATO auf ihrer Position. Sie behaupten, Russlands Einmarsch in die Ukraine würde beweisen, dass sie die ganze Zeit über richtig gehandelt haben. Diese Analysten sind der Überzeugung, der wahre Grund für die russische Invasion bestünde darin, dass die USA Russland nicht noch stärker unter Druck gesetzt haben. Die plausiblere Erklärung ist jedoch, dass die vielen amerikanischen Politikexperten, die vorausgesagt hatten, dass die NATO-Erweiterung zu einer Katastrophe führen würde, richtig gelegen hatten und dass sich ihre Vorhersagen nun auf verheerende Weise bewahrheiten.

Nachdem die NATO begonnen hatte, mit ihrer Erweiterung bis vor die Haustür Russlands zu kommen, stellte George Kennan fest, dass der NATO-Beschluss eine sich selbst erfüllende Prophezeiung sei. Die Erweiterung sei weit davon entfernt, den Westen zu schützen, erklärte er. Vielmehr würde sie zu einem Krieg mit Russland führen. Er sagte auch voraus, dass, sobald dieser Fall eintritt, die Befürworter der Erweiterung behaupten werden, der ureigene russische Militarismus sei die Ursache dafür. Kennan behauptete: „Natürlich wird es eine negative Reaktion Russlands geben, und dann werden [die Befürworter der Erweiterung] erklären, dass sie uns immer gesagt haben, dass die Russen so sind – aber das ist ganz einfach falsch."[39] Kennans Vorhersage war also in zweifacher Hinsicht richtig: Erstens in Bezug auf die russischen Reaktionen auf die NATO-Erweiterung und zweitens in Bezug auf die sich mit einem Zirkelschluss selbst rechtfertigende Reaktion derjenigen westlichen Hardliner, die auf der falschen Seite der Ereignisse standen.

In den US-Medien wird darüber kaum berichtet. Wenn man fernsieht und die Zeitungen liest, könnte man sogar glauben, dass nie Bedenken gegen die NATO-Erweiterung geäußert wurden oder diese nur nebensächlich waren. Obwohl die Rolle der USA und der NATO-Staaten bei der Entstehung der Krise in der Ukraine offensichtlich sein sollte, sind viele Amerikaner und Europäer von einer Art „stellvertretendem Kriegsfieber" befallen. Sie verlieren das große Ganze aus den Augen und sind mit den täglichen Details über die Kampfhandlungen beschäftigt. Dabei werden sie von einer selbstgerechten Wut und von der Überzeugung getrieben, dass immer mehr Waffenlieferungen in die Ukraine die beste Strategie sei, und zwar so lange bis Putin das Handtuch wirft.

Angesichts der Intensität dieses Kriegsfiebers dürfte es nicht überraschen, dass die wenigen US-Politiker, die über die seltene Kombination aus Klarheit und Mut verfügen, die für eine offene Diskussion über die Hintergründe des Ukraine-Kriegs nötig ist, als Verräter bezeichnet werden. In Wahrheit sind sie Patrioten. Sie weigern sich, beim von Stammesdünkel geprägten Spiel „Mein Land kann kein Unrecht begehen" mitzumachen. Sie erkennen unbequeme historische Fakten als das an, was sie sind, und versuchen, eine Wiederholung derselben Fehler in der Zukunft zu vermeiden. Und sie wollen verstehen, wie sich diese Fakten auf die Gegenwart auswirken, insbesondere im Hinblick darauf, wie sich Tod und Zerstörung in der Ukraine begrenzen lassen und gleichzeitig die Wahrscheinlichkeit einer apokalyptischen nuklearen Konfrontation zwischen Russland und dem Westen verringert werden kann. John Mearsheimer beschreibt die Situation aus einem aktuellen Blickwinkel so:

[W]ir befinden uns in einer extrem gefährlichen Situation und die Politik des Westens verstärkt diese Risiken noch. Für die russische Führung haben die Vorgänge in der Ukraine wenig damit zu tun, dass ihre imperialen Ambitionen durchkreuzt werden. Es geht ihr darum, dort zu handeln, wo sie eine direkte Bedrohung für die Zukunft Russlands verorten. Putin mag die militärischen Fähigkeiten Russlands, die Wirksamkeit des ukrainischen Widerstands und sowohl Umfang als auch Geschwindigkeit der westlichen Reaktion falsch eingeschätzt haben, aber man sollte nie unterschätzen, wie rücksichtslos Großmächte sich verhalten können, wenn sie glauben, sich in einer Zwangslage zu befinden. Die USA und ihre Verbündeten verschlimmern die Situation jedoch, in der Hoffnung, Putin eine demütigende Niederlage beizubringen und vielleicht sogar seine Absetzung zu bewirken. Sie verstärken die Hilfe für die Ukraine und setzen gleichzeitig Wirtschaftssanktionen ein, um Russland schwer zu bestrafen – ein Schritt, den Putin jetzt als „eine Art Kriegserklärung" ansieht.[40]

7.
Wie übertrieben pessimistische Narrative zu sich selbst erfüllenden Prophezeiungen werden

Die Geschichte von einem bösen, irrationalen, von Natur aus expansionistischem Russland mit einem paranoiden Führer an seiner Spitze, dem die tugendhaften USA und Europa gegenüberstehen, ist verwirrt und fehlgeleitet. Es ist mit mehreren in die gleiche Richtung gehenden Ereignissen der letzten 30 Jahre unvereinbar – Ereignisse, deren Bedeutung und Sinn sich eigentlich von selbst hätte erschließen müssen. Tatsächlich könnte man das vorherrschende westliche Narrativ selbst als eine Art Paranoia betrachten.

Die Provokationen der USA und ihrer Verbündeten gegen Russland sind derart schwerwiegende politische Fehler, dass die US-Führung im umgekehrten Fall schon längst einen Atomkrieg mit Russland riskiert hätte. Dass die US-Führung nun das Gegenteil tut, ist eine gefährliche Missachtung der Realität. In manchen Fällen stellt diese Missachtung sicherlich vorsätzliche Demagogie dar. Bei einigen Politikern ist das wohl gut gemeint, und zwar aus dem einfachen Grund, dass sie neue Fakten immer wieder im Lichte des gleichen überholten Narrativs interpretieren.

Die großen Medienkonzerne tragen dafür auch Verantwortung. Anstatt sich zu bemühen, die Ereignisse für ihr

Publikum angemessenen zu kontextualisieren, haben sie einfach das bevorzugte Narrativ der Regierung propagiert. Aus welchen Beweggründen auch immer haben die Mainstream-Medien ein Propaganda-Programm eingeführt, mit dem sie die Öffentlichkeit fehlinformieren. Russland kann das nur als Affront gegen den nationalen Charakter seines Volkes empfinden. Online-Anbieter von Informationen machen nichts anderes. Wie der mit dem Pulitzer-Preis ausgezeichnete Journalist und Anwalt für das Grundrecht auf freie Meinungsäußerung Glenn Greenwald aufgezeigt hat, findet auf vielen Ebenen der Gesellschaft sowohl in den USA als auch in Europa eine massive Zensur abweichender Meinungen statt.[41]

Obwohl sich die erschütternden Bilder aus der Ukraine schwer ohne Abscheu und Wut betrachten lassen, ist es ein gefährlicher Fehler, blinden Emotionen nachzugeben und sich dem vorherrschenden westlichen Narrativ anzuschließen. Es stärkt die schlimmsten Kräfte in Washingtoner Kreisen, wozu auch das Konglomerat aus bürokratischen Machtstrukturen und wirtschaftlichen Interessen gehört. Präsident Eisenhower, ein ehemaliger Fünf-Sterne-General der Armee, bezeichnete dieses als „militärisch-industriellen Komplex" und warnte die amerikanische Öffentlichkeit in seiner letzten Fernsehansprache als US-Präsident davor. Ebenso verleiht dieses Narrativ sowohl den am vehementesten russophob und militaristisch eingestellten Politikern in Europa Auftrieb als auch denjenigen, die am wenigsten den Mut aufbringen, sich der fehlgeleiteten amerikanischen Politik entgegenzustellen. Das Narrativ vernebelt den Verstand der amerikanischen und europäischen Bürger und führt zu Chauvinismus und Kriegstreiberei.

Wie übertrieben pessimistische Narrative ...

Das Hauptziel meines Buches ist es, ein falsches Narrativ zu korrigieren, und das aus einem sehr praktischen Grund: weil falsche Narrative zu schlechten Ergebnissen führen. Narrative schlagen sich unweigerlich in Verhaltensweisen nieder; einerseits beschreiben sie eine Situation, andererseits gestalten sie diese auch. Indem sie als Modelle der Realität fungieren, dienen Narrative als Handelsanleitungen. Durch die Dynamik von Aktion und Reaktion, Vorstoß und Rückstoß können sie dann die Ergebnisse bewirken, die laut ihrer Darstellung angeblich bereits existieren. Auf diese Weise kann ein Narrativ, welches die Absichten eines potenziellen Gegners übertrieben pessimistisch einschätzt – was ich ein „Narrativ des Misstrauens" nenne – genau die Bedrohungen verstärken, die es zu entschärfen vorgibt.

Dieser Beschreibung liegt die typische Dynamik eines Wettrüstens zugrunde, das in Eskalation und Krieg gipfelt. Sie entspricht nicht dem Paradigma des Zweiten Weltkriegs mit der damit verbundenen Vorstellung von unaufhaltsamem Expansionismus und westlichem Appeasement, sondern dem des Ersten Weltkriegs, in dem das Deutsche Reich, Großbritannien, Westeuropa und schließlich die USA schlafwandlerisch in eine Katastrophe taumelten. Doch heutzutage kann durch die Wirkung von Atomwaffen eine Katastrophe leichter eintreten und verheerendere Auswirkungen haben.

Wie im Ersten Weltkrieg befürchtet jede Seite von der anderen das Schlimmste und versucht sich durch eine militärische Strategie, die notwendigerweise auch offensives Potenzial hat – ein zweischneidiges strategisches Schwert, das politische Analysten als „Sicherheitsdilemma" bezeichnen – unverwundbar zu machen. Genau das hat George Kennan hinsichtlich der NATO-Erweiterung vorausgesagt und damit Recht behalten. Diese Erweiterung, die im Namen der Verteidigung gerechtfertigt wurde, wurde von Russland als offensive Bedrohung wahrgenommen und führte zu Schritten, die wiederum vom Westen als expansionistisch wahrgenommen werden. 2014 lieferte Richard Sakwa einen prägnanten Rückblick auf die Situation, die Kennan vorhergesehen hatte:

> Letztlich wurde die Existenz der NATO durch die Notwendigkeit gerechtfertigt, die Sicherheitsbedrohungen zu bewältigen, die durch ihre eigene Erweiterung verursacht wurden. Die ehemaligen Mitglieder des Warschauer Paktes und die baltischen Staaten sind der NATO beigetreten, um ihre Sicherheit zu erhöhen. Stattdessen haben sie dadurch aber ein Sicherheitsdilemma für Russland geschaffen, welches die Sicherheit aller untergräbt.[42]

Und seit Sakwa das geschrieben hat, hat sich die Situation nur noch verschlimmert, insbesondere weil die USA und ihre Verbündeten parallel dazu eine Reihe militärischer Operationen außerhalb der NATO durchgeführt haben.

Ungeachtet seiner autoritären Tendenzen war Putins Weg keineswegs vorgezeichnet. Der aktuelle Zeitgeist mag es als ketzerisch ansehen, das Offensichtliche auszusprechen: So wie alle Menschen wird Putin von einer Kombination aus inneren Faktoren – seiner Psychologie, Überzeugungen und Werte – und äußeren Faktoren – die dynamischen externen Umstände, mit denen er konfrontiert ist – beeinflusst. Das ist eine Binsenweisheit. Ebenso ist es eine Binsenweisheit, dass sich die Eigenschaften eines Menschen verändern können, wenn dieser Mensch über einen längeren Zeitraum hinweg bestimmten Mustern von externen Umständen ausgesetzt ist. Zumindest können sich einzelne Eigenschaften stärker ausprägen und dadurch möglicherweise entgegengesetzte Eigenschaften in den Hintergrund drängen.

Der Westen hat stetig, mit kleineren und größeren Schritten, die berechtigten Sicherheitsbedenken Russlands außer Acht gelassen und sie als irrelevant betrachtet, wodurch die russischen Befürchtungen einer Einkreisung und Invasion verstärkt wurden. Gleichzeitig sind die USA und ihre europäischen Verbündeten davon ausgegangen, dass ein rationaler Akteur durch die Beteuerungen der friedfertigen Absichten des Westens beruhigt werden kann: dass die Waffen, die Ausbildung und die Interoperabilitätsübungen rein defensiv seien und nicht gefürchtet werden müssten – egal wie provokativ, umfangreich oder nahe an Russlands Grenzen sie stattfinden. In vielen Fällen haben westliche Politiker, vor allem aus den USA, ihre Geringschätzung gegenüber Putin aktiv zum Ausdruck gebracht und ihn manchmal sogar persönlich beleidigt.

Trotzdem hat der Westen so getan, als würde Putin sich strategische Bedrohungen einbilden, die nicht existieren. Dieses westliche Framing unterstellt das Fehlen legitimer russischer Sicherheitsbedenken und verbindet diese noch mit angedeuteten sowie ausdrücklichen Vorwürfen, dass Russland sich irrational verhalte. In der Hauptsache stellt das die Grundlage des derzeit vorherrschenden Narrativs dar. Ebenso ist es die Grundlage für den ideologischen Standpunkt der Anti-Russland-Hardliner, die in Washington eine derart prominente Rolle spielen. In zwischenmenschlichen Beziehungen würde die Kombination aus Drohungen und Paranoia-Vorwürfen als Gaslighting gelten. Ist die Situation im Bereich der internationalen Politik wirklich so anders?

In Kriegszeiten und bei militärischer Bedrohung neigen selbst die Führer freier Länder zum Autoritarismus. Wenn sie eine große Gefahr wittern, können sie die Zügel der Macht weiter straffen, eine Kontrolle von oben nach unten durchsetzen und ausweiten, welche Handlungen und Äußerungen im Inland als Hochverrat eingestuft werden. Es ist nicht übertrieben, zu behaupten, dass die in diesem Buch beschriebenen Provokationen in den Köpfen von Putin und anderer Mitglieder der politischen und militärischen Elite Russlands ein Gefühl der Belagerung und des Notstands hervorgerufen haben. Ich will damit sagen, dass man die Möglichkeit in Betracht ziehen muss, dass westliche Maßnahmen nicht nur zu Russlands Außenpolitik beigetragen haben, sondern auch die russische Innenpolitik ungünstig beeinflusst haben. Tatsächlich sagte George Kennan das bereits 1998 voraus. Die NATO-Erweiterung, würde sich „negativ auf die Entwicklung der russischen Demokratie auswirken".[43]

Politische Akteure wie Bürokratien und Staaten, zu denen Einzelpersonen ebenso wie Unternehmen gehören, sind keine statischen Gebilde. Vielmehr ergeben sich die menschlichen Entscheidungen, die wir „Politik" nennen, aus einer Verkettung bewusster Absichten, unbewusster Motive, historischer Zufälle und persönlicher, menschlicher Interaktionen. Dazu gehören unter anderem auch die von US-Präsident Biden begangenen unverhohlenen Drohungen und Demütigungen sowie seine respektlosen Handlungen und Aussagen. Und es ist durchaus möglich, dass sich die Handlungen der USA und ihrer europäischen Verbündeten stärker auf die Politik von Putin, einschließlich seiner Innenpolitik, auswirkten und das immer noch tun, als manche glauben.[44]

8.
Eine kontrafaktische Geschichte – und Fazit

Wer ist verantwortlich für die humanitäre Katastrophe in der Ukraine, für den Tod Tausender ukrainischer Zivilisten und Soldaten und für die Einberufung ukrainischer Zivilisten zum Militärdienst? Wer ist verantwortlich für die Zerstörung ukrainischer Häuser und Unternehmen und für die Flüchtlingskrise, die nun zu jener aus dem Nahen Osten hinzukommt? Wer ist verantwortlich für den Tod Tausender junger Männer, die in den russischen Streitkräften dienen und sicherlich meist so wie ihre ukrainischen Kollegen glauben, dass sie für den Schutz ihrer Nation und ihrer Familien kämpfen? Wer ist verantwortlich für den anhaltenden Schaden, welcher der Wirtschaft und den Bürgern Europas und der USA zugefügt wird? Wer ist verantwortlich, wenn Ausfälle in der Landwirtschaft zu Hungersnöten in Afrika führen, einem Kontinent, der stark von der Einfuhr von Getreide aus der Ukraine und Russland abhängt? Und wer ist schließlich verantwortlich, wenn der Krieg in der Ukraine in einen nuklearen Schlagabtausch eskaliert und dann zu einem ausgewachsenen Atomkrieg wird?

Eigentlich ist die Antwort auf all diese Fragen recht einfach: Putin ist dafür verantwortlich. Er hat den Krieg begonnen und bestimmt mit seinen Militärstrategen, wie er geführt wird. Er hätte keinen Krieg beginnen müssen. Das sind Tatsachen. Aber Tatsachen müssen unter Bezugnahme auf andere Tatsachen interpretiert werden, auch zu solchen, die längst aus den Schlagzeilen verschwunden sind oder es erst gar nicht dorthin geschafft haben. Wenn man das macht, dann wird klar, dass die Politiker in den USA und Europa den Krieg zu einem wesentlichen Teil mitverantworten.

Die Beurteilung der relativen Verantwortung Moskaus, Washingtons und der verschiedenen europäischen Regierungen wird unterschiedlich ausfallen, je nachdem, wie man bestimmte historische Ereignisse, das Vorgehen der einzelnen Beteiligten sowie die relative Wichtigkeit, die man der inneren und äußeren Kausalität beimisst, gegeneinander abwägt. Dennoch wage ich zu behaupten, dass, wenn man alles berücksichtigt, die Hauptverantwortung beim Westen und insbesondere bei den USA liegt. Ich kenne keinen völlig zufriedenstellenden Weg, um diese Behauptung zu begründen. Es gibt keine validierte Methodik der Zumessung von Schuld auf die verschiedenen Akteure, die alle zumindest eine gewisse Handlungsfähigkeit und Entscheidungsfreiheit haben. Ich glaube jedoch, dass wir Einblicke gewinnen können, indem wir eine kontrafaktische Geschichte mit folgender Fragestellung entwerfen: Wo stünden wir nun, wenn die USA anders gehandelt hätten? Das ist ein hypothetisches Szenario und die sich daraus ergebenden Mutmaßungen können niemals bewiesen oder widerlegt werden. Aber diese kontrafaktische Betrachtung passt gut zur Geschichte der letzten 30 Jahre und ist meiner Meinung nach ebenso aufschlussreich wie plausibel.

Hätten die USA nicht auf die Erweiterung der NATO bis an die Grenze Russlands gedrängt; hätten sie nicht nuklearfähige Raketenabschussvorrichtungen in Rumänien

Eine kontrafaktische Geschichte – und Fazit

stationiert und in Polen und vielleicht auch anderswo geplant; hätten sie 2014 nicht zum Sturz der demokratisch gewählten ukrainischen Regierung beigetragen; hätten sie nicht den ABM-Vertrag und dann den Vertrag über nukleare Mittelstreckenraketen abgeschafft und abschließend die russischen Versuche, ein bilaterales Moratorium für die Stationierung auszuhandeln, ignoriert; hätten sie keine Übungen mit scharfen Raketen in Estland durchgeführt, um das Anvisieren von Zielen innerhalb Russlands zu üben; hätten sie kein umfangreiches Militärmanöver mit 32 Nationen in der Nähe des russischen Territoriums organisiert; hätten sie die Streitkräfte der USA nicht mit denen der Ukraine verknüpft; und so weiter und so fort – hätten die USA und ihre NATO-Verbündeten diese Dinge nicht getan, wäre der Krieg in der Ukraine wahrscheinlich nicht ausgebrochen. Das ist meiner Meinung nach eine vernünftige Behauptung.

Tatsächlich würde ich sogar behaupten, dass die Situation heute eine ganz andere wäre, wenn zwei oder drei der vielen hier diskutierten Provokationen nicht stattgefunden hätten. Ich habe bereits zuvor das Bild einer Sandburg genutzt, um eine Analogie zu ziehen. Es lässt sich nicht einfach vorhersagen, wie viel Sand in welcher Anordnung die Sandburg verträgt. Dennoch ist klar, dass sie umso instabiler wird, je größer die Sandmenge ist, je höher sich der Sand auftürmt und je mehr Wasser er enthält. Ich würde sagen, dass der Westen Schäufelchen um Schäufelchen Sand aufgehäuft hat und ein klardenkender, rationaler Akteur wahrscheinlich erkannt hätte, dass dies zum Zusammenbruch führen würde. Der Krieg in der Ukraine ist ein solcher Zusammenbruch, und es gibt keinen Grund zu der Annahme, dass nicht noch mehr Katastrophen folgen werden, egal wie sehr sich die Kriegsstrategen der USA einbilden, Russlands militärische Kapazitäten stark schwächen zu können. Und selbst damit ist das Ende der Fahnenstange noch nicht erreicht. Die US-Regierung hat durch ihre Worte und Taten die ukrainische Führung und das ukrainische Volk möglicherweise dazu veranlasst, eine unnachgiebige Haltung gegenüber Russland einzunehmen. Anstatt auf einen Verhandlungsfrieden im Donbass zwischen Kiew und prorussischen Autonomisten zu drängen und diesen zu unterstützen, haben die USA extrem nationalistische Kräfte in der Ukraine gefördert. Sie haben die Ukraine mit Waffen beliefert, die militärische Integration und Ausbildung der ukrainischen Streitkräfte intensiviert, sich geweigert, die Pläne zur Aufnahme der Ukraine in die NATO aufzugeben und bei der ukrainischen Führung und Bevölkerung womöglich den Eindruck erweckt, dass sie im Namen der Ukraine direkt in einen Krieg gegen Russland ziehen würden.

All das mag den ukrainischen Präsidenten Wolodymyr Selenskyj beeinflusst haben, der 2019 mit einer Friedensplattform zur Präsidentschaftswahl angetreten war und mit mehr als 70 Prozent der Stimmen gewählt wurde. Doch letztlich scheiterte er dabei, dies durchzuführen. Selbst angesichts des drohenden Krieges wollte er keine Kompromisse im Namen des Friedens eingehen. Am 19. Februar, fünf Tage vor dem russischen Einmarsch, traf sich Selenskyj in München mit dem deutschen Bundeskanzler Olaf Scholz. Laut *Wall Street Journal* schlug Scholz vor, ein Friedensabkommen zu vermitteln. Er sagte zu Selenskyj,

> dass die Ukraine auf ihre NATO-Bestrebungen verzichten und ihre Neutralität erklären sollte, als Teil eines umfassenderen europäischen Sicherheitsabkommens zwischen dem Westen und Russland. Der Pakt würde

Eine kontrafaktische Geschichte – und Fazit

von Putin und Biden unterzeichnet, die gemeinsam die Sicherheit der Ukraine garantieren würden. Selenskyj erwiderte, dass man Putin nicht trauen könne, ein solches Abkommen einzuhalten, und dass die meisten Ukrainer einen NATO-Beitritt befürworten würden. Seine Antwort machte deutsche Politiker besorgt, dass die Chancen auf Frieden schwinden.[45]

In einem kürzlich erschienenen Interview vertrat Richard Sakwa die Meinung, dass Selenskyj mit nur fünf Worten Frieden mit Russland hätte schließen können: „Die Ukraine wird kein NATO-Mitglied." Sakwa führte weiter aus: „Wenn Putin geblufft hat [über die entscheidende Bedeutung der NATO-Erweiterung], dann soll man ihn Farbe bekennen lassen. Stattdessen ... gibt es diesen katastrophalen Krieg ... Es war leichtsinnig, das Schicksal einer Nation und insbesondere auch das Schicksal seines eigenen Volkes aufs Spiel zu setzen."[46]

Wie ist es gekommen, dass ein Friedensverfechter, der über einen eindeutigen Wählerauftrag für Verhandlungen über ein Ende des Donbass-Konflikts erhalten hat, auf seinem Standpunkt beharrt und auf Krieg gesetzt hat? Wenn sich die Ukraine von den USA nicht irreführende und unrealistische Vorstellungen hätte aufdrängen lassen, dann hätte sie meiner Meinung nach längst einen *Modus Vivendi* mit Russland ausgehandelt und den Status der politischen Neutralität erreicht – etwas, das der Ukraine jetzt, und nur wenn sie Glück hat, nach der Zerstörung der Hälfte ihres Landes, dem Tod Tausender und der Vertreibung und Verarmung von Millionen noch gelingen könnte. Neutralität hat in Europa eine lange Tradition. Sowohl Österreich als auch Finnland waren der Sowjetunion gegenüber neutral und haben daraus großen Nutzen gezogen. Die

Regierungsform in Moskau hat sich zwar geändert, aber die geostrategischen Gründe für die Neutralität sind dieselben geblieben. Warum hat die Ukraine nicht diesen Weg eingeschlagen?

Kurz nach der Wahl Selenskyjs im Jahr 2019 behauptete Stephen F. Cohen in einem Interview, dass Selenskyj die aktive Unterstützung der USA benötigen würde, um dem Druck – einschließlich der Todesdrohungen gegen ihn – der extremen ukrainischen Rechten standzuhalten. Ohne diese Unterstützung, so die Prognose von Cohen, wäre Selenskyj außerstande, Frieden zu schaffen:

> [D]er neue Präsident der Ukraine, Wolodymyr Selenskyj, trat als Friedenskandidat an ... Er erhielt einen riesigen Wählerauftrag, Frieden zu schließen. Das bedeutet, dass er mit Wladimir Putin verhandeln muss ... Aber seine Bereitschaft – und das ist wichtig und wird hier [in den USA] kaum berichtet – , direkt mit Putin zu verhandeln, ... erforderte [von Seiten] Selenskyjs beträchtlichen Mut, denn in der Ukraine sind viele Leute dagegen und sie sind bewaffnet. Manche nennen sie Faschisten, aber mit Sicherheit sind sie Ultranationalisten, und sie haben angekündigt, dass sie Selenskyj absetzen und töten werden, wenn er diesen Weg der Verhandlungen mit Putin weitergeht ... Selenskyj kann nicht weitermachen ... es sei denn, Amerika steht hinter ihm. Vielleicht reicht das nicht aus, aber wenn das Weiße Haus diese Diplomatie nicht unterstützt, hat Selenskyj keine Chance ...[47]

Meines Wissens hat Selenskyj von den Amerikanern keine nennenswerte Unterstützung bei der Verfolgung seiner Friedensagenda erhalten. Stattdessen wurde er wiederholt von führenden amerikanischen Politikern und Beamten

Eine kontrafaktische Geschichte – und Fazit

des Außenministeriums besucht, die alle ein theoretisches Prinzip der absoluten ukrainischen Freiheit postulierten, definiert als das „Recht", der NATO beizutreten und einen militärischen Außenposten der USA an der russischen Grenze zu errichten. Am Ende war diese „Freiheit" nicht mehr als ein Wunschtraum. Obwohl sie die Ziele der USA – oder genauer gesagt die Interessen bestimmter amerikanischer politischer, militärischer und finanzieller Gruppierungen – förderte, zerstörte sie die Ukraine.

Selbst aus einer eindimensionalen amerikanischen Perspektive war der gesamte westliche Plan ein gefährlicher Bluff, der aus kaum nachvollziehbaren Gründen durchgeführt wurde. Die Ukraine stellt beim besten Willen kein wesentliches Sicherheitsinteresse der USA dar. Tatsächlich spielt die Ukraine kaum eine Rolle. Aus amerikanischer Sicht – und ich sage das, ohne das ukrainische Volk beleidigen zu wollen – ist die Ukraine irrelevant. Die Ukraine ist für die Bürger der USA nicht wichtiger als irgendeines der fünfzig anderen Länder, welche die meisten Amerikaner aus völlig verständlichen Gründen erst nach langem Suchen auf einer Landkarte finden würden. Also ja, die Ukraine ist für Amerika irrelevant. Und wenn sich die Führer der USA und der NATO diese offensichtliche Tatsache eingestanden hätten, wäre all das nicht passiert.

Russland teilt hingegen mit der Ukraine eine beinahe 2.000 Kilometer lange Grenze und eine Geschichte, in deren Verlauf der Westen dreimal auf dem Landweg einmarschiert ist. Die letzte westliche Invasion während des Zweiten Weltkriegs hatte den Tod von *etwa 13 Prozent der gesamten russischen Bevölkerung* zur Folge. Deshalb ist die Ukraine für Russland von allerhöchstem Interesse.

Dass sich Russland durch eine vom Westen bewaffnete, ausgebildete und militärisch integrierte Ukraine in seiner Existenz bedroht fühlt, hätte Washington von Anfang an klar sein müssen. Welcher vernünftig denkende Mensch konnte glauben, dass die Präsenz eines westlichen Waffenarsenals an Russlands Grenze keine starke Reaktion hervorrufen würde? Welcher vernünftige Mensch konnte davon ausgehen, dass die Stationierung eines solchen Arsenals die Sicherheit der USA erhöhen würde? Und falls das nicht klar gewesen sein sollte, hätten spätestens 2008 sämtliche Unklarheiten darüber beseitigt sein sollen. Damals telegrafierte der US-Botschafter in Russland, William Burns, der jetzt Bidens CIA leitet, nach Washington, dass die Ukraine für Russland die roteste aller roten Linien sei. Man muss kein Genie sein, um die Gründe dafür zu verstehen. Dennoch scheint diese offensichtliche Realität für viele im Außen- und Verteidigungsministerium der USA, in der NATO und den Medien sowie für den amtierenden US-Präsidenten undurchschaubar zu sein.

Was bedeutet das also für die Bürger der USA und ihrer europäischen Verbündeten?

Offen gesagt, sind sie – *wir* – in einer sehr misslichen Lage. Es ist eine Lage, die nicht nur äußerst gefährlich ist und die ganze Welt dem Risiko eines Atomkriegs aussetzt: Diese Situation konnte nur durch ein Ausmaß an Dummheit und Blindheit der US-Regierung und ein Maß an Ehrfurcht und Feigheit der europäischen Politiker erreicht werden, das beinahe unvorstellbar ist. In einem Interview wurde Gilbert Doctorow kürzlich gefragt, was US-Bürger am dringendsten über den Krieg wissen sollten. Er antwortete: „Euer Leben ist in Gefahr." Er fuhr fort:

Eine kontrafaktische Geschichte – und Fazit

Putin hat zu Protokoll gegeben, dass er sich eine Welt ohne Russland nicht vorstellen kann. Und wenn die Amerikaner die Absicht haben, Russland zu zerstören, dann wird die amerikanische Absicht die Selbstzerstörung sein.... [Amerika] steht vor einer existenziellen Bedrohung, die es selbst geschaffen hat. Und der Ausweg aus dieser Bedrohung liegt für alle auf der Hand: ein Deal mit Putin ...[48]

Die Politiker in Washington und die europäischen Regierungen – mitsamt den gefügigen, feigen Medien, die deren Unsinn kritiklos nachplappern – stehen jetzt bis zur Hüfte im Sumpf. Es ist schwer vorstellbar, dass diejenigen, die dumm genug waren, diesen Sumpf zu betreten, nun die Klugheit aufbringen, sich selbst zu befreien, bevor sie vollends versinken und uns alle mitreißen.

Quellen

Alle Links wurden überprüft und zuletzt am 9. August 2022 abgerufen.

1 Chas Freeman, Interview, 24. März 2022 <https://thegrayzone.com/2022/03/24/us-fighting-russia-to-the-last-ukrainian-veteran-us-diplomat/>.

2 Zum Statement von Wladimir Putin vom 27. Februar 2022 siehe <https://www.armscontrol.org/act/2022-03/news/putin-orders-russian-nuclear-weapons-higher-alert>. Zu den aktuellen und historischen Defcon-Stufen, mit Erklärung der Gründe, siehe <https://www.defconlevel.com/> und <https://www.defconlevel.com/history.php>.

3 Avril Haines, Zeugenaussage, 10. Mai 2022 <https://www.c-span.org/video/?c5014371/us-believes-russian-president-putin- preparing-prolonged-conflict#>.

4 Gilbert Doctorow, Interview <https://www.youtube.com/watch?v=CHbHx44ohTE>, ab Minute 56:30.

5 „NATO Expansion: What Gorbachev Heard", Nationales Sicherheitsarchiv, George Washington University <https://nsarchive.gwu.edu/briefing-bookrussia-programs/2017-12-12/nato-expansion-what-gorbachev-heard-western-leaders-early>.

6 „Deal or No Deal? The End of the Cold War and the U.S. Offer to Limit NATO Expansion", *International Security* 40.4 (Frühling 2016), S. 7–44 <https://www.belfercenter.org/sites/default/files/files/publication/003-ISEC_a_00236-Shifrinson.pdf>.

7 „Author Chat: Joshua Itzkowitz Shifrinson", 5. August 2016, Harvard Kennedy School Belfer Center for Science and International Affairs <https://www.belfercenter.org/publication/author-chat-joshua-itzkowitz-shifrinson>.

8 Siehe z. B.: <https://direct.mit.edu/isec/article-abstract/42/1/186/12171/NATO-Enlargement-Was-There-a-Promise?> und <https://jackmatlock.com/2014/04/nato-expansion-was-there-a-promise/>.

9 Douglas Macgregor, Interview, 31. März 2022 <https://scotthorton.org/interviews/3-31-22-colonel-douglas-macgregor-the-us-is-deliberately-ignoring-the-path-to-peace-in-ukraine/>, ab Minute 18:05.

10 „Nyet Means Nyet: Russia's NATO Enlargement Redline", v10 ertrauliches Telegramm, 1. Februar 2008, veröffentlicht bei WikiLeaks <https://wikileaks.org/plusd/cables/08MOSCOW265_a.html>.

11 Laut einer von der EU in Auftrag gegebenen unabhängigen Untersuchung („Independent International Fact-Finding Mission on the Conflict in Georgia, Volume I" <https://www.mpil.de/files/pdf4/IIFFMCG_Volume_I2.pdf>) begannen die „offenen Feindseligkeiten mit ... einem massiven georgischen Artillerieangriff" [S.19]. Es handelte sich um „wahllose Angriffe georgischer Streitkräfte" auf bewohnte, nicht-militärische Gebiete, bei denen sowohl „Mehrfachraketen-Systeme als auch Artilleriegeschütze" [S. 28] eingesetzt wurden. Der EU-Bericht erklärte den georgischen Angriff für unrechtmäßig [S. 22] und kam zu dem Schluss, dass der Einmarsch russischer Truppen in Georgien als Reaktion auf den Tod russischer Friedenssoldaten [S. 23], die aufgrund einer internationalen Vereinbarung in Südossetien stationiert waren, völkerrechtlich legal gewesen sein könnte. Zugleich stellte die EU-Untersuchung fest, dass „alle Konfliktparteien – georgische Streitkräfte, russische Streitkräfte und südossetische Streitkräfte – Verstöße gegen das humanitäre

Völkerrecht und die Menschenrechte begangen haben" [S. 26], und wies darauf hin, dass der georgische Angriff zwar einen Wendepunkt darstellte, aber Teil eines umfassenderen, komplexen Kontexts mit vielen Phasen und Elementen war, für den es nicht möglich war, einer einzelnen Partei die gesamte Verantwortung zuzuschreiben [S. 31-32]. Für weitere Hintergrundinformationen siehe Gordon M. Hahn, *Ukraine Over the Edge*, Jefferson [NC]: McFarland & Company, 2018, insbesondere S. 106–111; und Richard Sakwa, *Frontline Ukraine*, London: I. B. Tauris, 2015, Indexeinträge zu „Russo-Georgian war" und „Saakashvili, Mikheil".

12 Douglas Macgregor, Interview, 31. März 2022, ab Minute 17:35, Link wie oben.

13 „Why the Ukraine Crisis is the West's Fault", *Foreign Affairs*, September/Oktober 2014 <https://www.mearsheimer.com/wp-content/uploads/2019/06/Why-the-Ukraine-Crisis-Is.pdf>, S. 4. Weitere Einzelheiten zur Rolle der extremen Rechten wie Neonazis finden sich beispielsweise in der durch Peer-Review geprüften Arbeit von Ivan Katchanovski: „The far right, the Euromaidan, and the Maidan massacre in Ukraine", *Labor and Society*, 2019, S. 1–25 <https://in-this-together.com/UKC/RS-Maidan.pdf?x38956> und unter <https://uottawa.academia.edu/IvanKatchanovski> oder in seinen Schriften für ein allgemeines Publikum, zum Beispiel „The hidden origin of the escalating Ukraine-Russia conflict: Events of the Maidan massacre shaped one of the most controversial hours in European history since the end of the Cold War", 22. Januar 2022 <https://canadiandimension.com/articles/view/the-hidden-origin-of-the-escalating-ukraine-russia-conflict>. Siehe auch Gordon M. Hahn, *Ukraine Over the Edge*, wie oben, insbesondere Kapitel 6 und 7.

14 „U.S.-Ukraine Foundation Presents, Ukraine in Washington 2013", Rede der stellvertretenden US-Außenministerin Victoria Nuland, 13. Dezember 2013 <https://www.youtube.com/watch?v=U2fYcHLouXY>, ab Minute 7:45.

15 „‚Fuck the EU': US diplomat Victoria Nuland's phonecall leaked - video", *The Guardian*, 7. Februar 2014 <https://www.theguardian.com/world/video/2014/feb/07/eu-us-diplomat-victoria-nuland-phonecall-leaked-video> und „Ukraine crisis: Transcript of leaked Nuland-Pyatt call", BBC News, 7. Februar 2014 <https://www.bbc.com/news/world-europe-26079957>. Auch im Zusammenhang mit den Maidan-Protesten ergab 2013 eine USAID-Umfrage in der Ukraine, dass der Wunsch nach einem Anschluss an die EU keineswegs einstimmig ist: „37% möchten, dass die Ukraine Schritte unternimmt, um der Europäischen Union beizutreten, 33% bevorzugen die Zollunion und 15% sagen, dass die Ukraine keinem dieser Blöcke beitreten sollte. Auf eine andere Frage hin geben 34% an, dass die Ukraine engere wirtschaftliche Beziehungen zu Russland haben sollte, 35% sagen, dass sie engere wirtschaftliche Beziehungen zu Europa haben sollte und 17% meinen, dass sie gute Beziehungen zu beiden pflegen sollte." Zitiert aus der USAID-Umfrage „IFES Public Opinion in Ukraine 2013 Key Findings", S. 3 <https://www.ifes.org/sites/default/files/ifes_public_opinion_in_ukraine_2013_key_findings_public.pdf>. Diese Umfrageergebnisse weisen darauf hin, dass die Proteste auf dem Maidan zwar eine Reaktion auf die endgültige Ablehnung des Assoziierungsabkommens mit der EU waren, es sich jedoch um eine mobilisierte Masse handelte, welche nicht die Mehrheit der ukrainischen Bevölkerung repräsentierte. Die Mehrheit der Bevölkerung wünschte sich enge Handelsbeziehungen mit Russland. Dies wurde jedoch durch die Bedingungen der EU-Assoziierungsabkommen ausgeschlossen. Zu diesem letzten Punkt, siehe Stephen F. Cohen, *War With Russia?*. New York: Hot Books, 2019/2022, S. 17.

16 Stephen F. Cohen, *War With Russia?*, siehe oben, S. 22. In diesem Zitat habe ich mir die Freiheit genommen, den Text zu glätten, indem ich Cohens Anführungszeichen von „Leaks", „Entgleisung" und „ins Amt zu bringen"

entfernt habe. Zwei kurze, sehr lesenswerte Kapitel in *War With Russia?*, in denen die Proteste und der Staatsstreich behandelt und in den größeren Zusammenhang der amerikanischen Außenpolitik gegenüber Russland eingeordnet werden, finden sich auf S. 136–146. Auf Audible ist eine sehr gut gelesene Version davon verfügbar.

17 „John Mearsheimer on why the West is principally responsible for the Ukrainian crisis", Eingeladener Kommentar, *The Economist*, 11. März 2022 <https://www.economist.com/by-invitation/2022/03/11/john-mearsheimer-on-why-the-west-is-principally-responsible-for-the-ukrainian-crisis>. Einen ausgezeichneten, umfassenden Videovortrag von Dr. Mearsheimer findet sich unter „The causes and consequences of the Ukraine war", gehalten am Europäischen Hochschulinstitut, Florenz, Italien, 16. Juni 2022 <https://www.youtube.com/watch?v=qciVozNtCDM>. Der Vortrag selbst beginnt bei Minute 10:20 und dauert eine Stunde. Der vollständige Text des Vortrags ist verfügbar unter <https://nationalinterest.org/feature/causes-and-consequences-ukraine-crisis-203182>.

18 Congressional Research Service, „U.S. Security Assistance to Ukraine", Reihe „In Focus", 28. März 2022. Das aktualisierte Dokument vom 29. April 2022 gibt einen Einblick in einige der an die Ukraine gelieferten Waffen <https://crsreports.congress.gov/product/pdf/IF/IF12040?loclr=blogloc>.

19 „MK 41 Vertical Launch System", Produktkarte, Lockheed Martin <https://www.lockheedmartin.com/content/dam/lockheed-martin/rms/documents/naval-launchers-and-munitions/MK41-VLS-product-card.pdf>.

20 *The Economist*, 11. März 2022, siehe oben.

21 *The Economist*, 11. März 2022, siehe oben.

22 Brennan Deveraux, „Rocket Artillery Can Keep Russia Out of the Baltics", *War on the Rocks* [Website], 20. Mai 2021 <https://warontherocks.com/2021/05/rocket-artillery-can-keep-russia-out-of-the-baltics/>.

23 „Gipfelerklärung von Brüssel – Treffen des Nordatlantikrats auf Ebene der Staats- und Regierungschefs in Brüssel, 14. Juni 2021" <https://nato.diplo.de/blob/2467084/2ced1f1d1ea0edd979dabd815bcfca3e/20210614-gipfelerklaerung-data.pdf>, Absatz 69.

24 „Fact-Sheet – U.S.-Ukraine Strategic Defense Framework August 31, 2021" <https://media.defense.gov/2021/Aug/31/2002844632/-1/-1/0/US-UKRAINE-STRATEGIC-DEFENSE-FRAMEWORK.PDF>.

25 „U.S.-Ukraine Charter on Strategic Partnership", Pressemitteilung, Büro des Sprechers des US-Außenministeriums, 10. November 2021 <https://www.state.gov/u-s-ukraine-charter-on-strategic-partnership/>.

26 *The Economist*, 11. März 2022, siehe oben.

27 Anatoly Antonov, „An Existential Threat to Europe's Security Architecture?", 30. Dezember 2021 <https://foreignpolicy.com/2021/12/30/russia-ukraine-nato-threat-security/>.

28 *The Economist*, 11. März 2022, siehe oben.

29 Douglas Macgregor, Interview, 31. März 2022, ab Minute 26:28, Link wie oben.

30 Neben vielen anderen Quellen, Matthew Wills, „U.S. Nuclear Weapons in Turkey, pt. 2", *JSTOR Daily*, 28. Oktober 2019 <https://daily.jstor.org/us-nuclear-weapons-turkey-part-2/>.

31 Brennan Deveraux, „Why Intermediate-Range Missiles Are a Focal Point in the Ukraine Crisis", *War on the Rocks* [Website], 28. Januar 2022 <https://warontherocks.com/2022/01/why-intermediate-range-missiles-are-a-focal-point-in-the-ukraine-crisis/>.

32 George F. Kennan, „A Fateful Error", *The New York Times*, 5. Februar 1997 <https://www.nytimes.com/1997/02/05/opinion/a-fateful-error.html>.

33 Thomas L. Friedman, „Foreign Affairs; Now a Word From X", *The New York Times*, 2. Mai 1998 <https://www.nytimes.

com/1998/05/02/opinion/foreign-affairs-now-a-word-from-x.html>.

34 Siehe z. B. Folgendes: Jack F. Matlock Jr., „I was there: NATO and the origins of the Ukraine crisis", *Responsible Statecraft* [Website], 15. Februar 2022 <https://responsiblestatecraft.org/2022/02/15/the-origins-of-the-ukraine-crisis-and-how-conflict-can-be-avoided/>; Richard T. Davies, „Should NATO Grow? A Dissent", *The New York Review of Books*, 21. September 1995 <https://www.nybooks.com/articles/1995/09/21/should-nato-growa-dissent/>; und der detaillierte Twitter-Thread unter <https://archive.ph/Fllhu>.

35 „‚Yes, He Would': Fiona Hill on Putin and Nukes", *Politico*, 28. Februar 2022 <https://www.politico.com/news/magazine/2022/02/28/world-war-iii-already-there-00012340>.

36 Stephen F. Cohen, *War With Russia?*, S. 7, siehe oben.

37 36 Wikipedia-Eintrag zu „World War II casualties of the Soviet Union" (Verluste der Sowjetunion im Zweiten Weltkrieg) <https://en.wikipedia.org/wiki/World_War_II_casualties_of_the_Soviet_Union#Estimate>.

38 Richard Sakwa, Interview, 5. Dezember 2021 <https://soundcloud.com/pushbackshow/war-in-ukraine-nato-expansion-drives-conflict-with-russia>.

39 Thomas Friedman, Interview, *The New York Times*, 2. Mai 1998, siehe oben.

40 *The Economist*, 11. März 2022, siehe oben.

41 Glenn Greenwald, „Western Dissent from US/NATO Policy on Ukraine is Small, Yet the Censorship Campaign is Extreme", 13. April 2022 <https://greenwald.substack.com/p/western-dissent-from-usnato-policy>.

42 Richard Sakwa, *Frontline Ukraine*, siehe oben, S. 4.

43 Thomas Friedman, Interview, *The New York Times*, 2. Mai 1998, siehe oben.

44 Eine interessante spekulative Diskussion über die Rolle weicher Faktoren in den internationalen Beziehungen in Bezug auf Wladimir Putin, siehe „Inside Putin's Head", Nonzero Newsletter, 8. März 2022 <https://nonzero.substack.com/p/inside-putins-head> und dieses zugehörige Podcast-Interview, „Russia, Putin, and the Psychology of Status (Robert Wright & Steven Ward)", *The Wright Show*, 24. Februar 2022 <https://podcasts.apple.com/us/podcast/russia-putin-and-the-psychology-of-status/id505824847?i=1000552544712>.

45 „Vladimir Putin's 20-Year March to War in Ukraine – and How the West Mishandled It", *The Wall Street Journal*, aktualisiert am 1. April 2022 <https://www.wsj.com/articles/vladimir-putins-20-year-march-to-war-in-ukraineand-how-the-west-mishandled-it-11648826461>.

46 Richard Sakwa, Interview, 21. April 2022 <https://www.youtube.com/watch?v=4PBVa4XJEFE>. Der entsprechende Abschnitt beginnt ab Minute 16:35 und geht bis zum Ende des Interviews.

47 Stephen F. Cohen, Interview, 13. November 2019 <https://thegrayzone.com/2019/11/13/ukrainegate-impeachment-saga-worsens-us-russia-cold-war/>, ab Minute 02:00.

48 Gilbert Doctorow, Interview, 28. Februar 2022 <https://www.youtube.com/watch?v=1c0yYxVIuy0> ab Minute 39:40.

Index

ABM (siehe antiballistische Raketenabwehrsysteme)
Absichten von Gegnern 11, 23, 25, 57
Aegis 22, 23, 39
Antiballistische Raketenabwehrsysteme/ Vertrag 9, 15, 22
Appeasement/ Beschwichtigungspolitik 7, 57
Assoziierungsabkommen 74
Atomkrieg 2, 5, 7, 32, 55, 61, 68
Atomwaffen 5, 6, 57
Aus umgekehrter Perspektive betrachtet 29
Außenministerium 67, 76
Außenpolitik, amerikanische 11, 30
Autoritarismus 60

Baltische Staaten 58
Bedrohung 2, 5, 8, 10, 11, 16, 21, 22, 23, 26, 27, 33, 39, 49, 53, 57, 58, 59, 60, 69
Belagerung (siehe auch Einkreisung)
Biden, Joseph 4, 26, 60, 65, 68
Bilaterale Abkommen 10, 25, 33

Blinken, Anthony 27
„Blitzkrieg" (siehe Georgienkrieg)
Brüssel 2, 6, 25
Burns, William J. 16, 18, 27, 68
Bush, George W. 15, 16

Charta der strategischen Partnerschaft zwischen den USA und der Ukraine 25
China 29, 36, 37
CIA (siehe U.S.-Geheimdienst)
Cohen, Stephen F. 2, 19, 48, 66

Demokratie, russische, Entwicklung der 60
Demütigung (siehe Psychologie)
Deutschland 13, 49
Deveraux, Brennan 2, 36, 37, 38
Doctorow, Gilbert 2, 6, 68
Donbass 64, 65

Eindämmung[-spolitik] 41, 42
Einkreisung 16, 59
Erweiterung, NATO (siehe NATO-Erweiterung)
Eskalation 1, 2, 6, 30, 32, 57

Estland 15, 24, 63
EU (siehe Europäische Union)
Europäische Union 19, 38
Existenzielle Bedrohung 5, 11, 16, 27
Expansionismus, russischer 8, 57

Faschist (siehe Rechtsextreme)
Freeman, Chas 1, 2, 3, 4
Führung 8, 10, 29, 30, 33, 53, 55, 64

Gaslighting 59
Gates, Robert 43
Geographische Gegebenheiten, Russland 49
Georgien 16, 17, 18, 44, 45
Georgienkrieg 17, 45
Geostrategie/geostrategisch 66
Greenwald, Glenn 56,
Gorbatschow, Michail 13
Großbritannien, britisch 57

Hill, Fiona 43, 44, 45, 46, 47, 48, 49, 50
Hitler-Analogie 7, 45, 46, 49, 50
INF (siehe nukleare Mittelstreckensysteme)

Interoperabilität mit der NATO 10, 22, 26, 59
Invasion, der Ukraine (durchgehend)
Invasion, Russlands, anfällig 2, 4, 11, 17, 27, 39, 44, 48, 49, 51, 59, 67

Iran 22

Jelzin, Boris 6

Kalter Krieg 41, 42, 43
„Kampf bis zum letzten Ukrainer" 4
Kanada 1, 29
Katchanovski, Ivan 73
Kaukasischer Fünftagekrieg (siehe Georgienkrieg)
Kausale Abfolge 8
Kennan, George F. 2, 41, 42, 43, 51, 52, 57, 58, 60
Kennedy, John F. 32
Kommando- und Kontrollsysteme 37
Kompromiss 3, 7, 32, 64
Kontrafaktische Geschichte 11, 61, 62
Kriegsziele, amerikanische (siehe Militärische Ziele)
Krim 19, 20, 21, 44, 45
Kubakrise 31

Lawrow, Sergei 26
Liberaler Interventionismus 6
Lockheed Martin 23

Macgregor, Douglas 2, 15, 17, 31
„Maidan" (siehe Proteste)
Majdan (Unabhängigkeitsplatz) (siehe Proteste)
Mark 41 Abschussrampe (siehe „Aegis")
Matlock, Jack F. 1, 43

Index

McFaul, Michael 19
McNamara, Robert 42
Mearsheimer, John J. 1, 2, 18, 19, 23, 24, 26, 27, 43, 45, 46, 47, 53
Medien, Mainstream/westliche 5, 17, 19, 52, 55, 56, 68, 69
Meinungsumfrage, USAID 74
Mexiko 1, 31
Militärisch-industrieller Komplex 56
Militärische Unterstützung 21
Militärische Ziele, amerikanische 4, 7, 29
Monroe-Doktrin 1, 30
Moratorium 63
Motive/Beweggründe, russische 7, 39, 45

Narrativ 2, 3, 7, 8, 14, 36, 55, 56, 57, 59
„Narrativ des Misstrauens" 57
National Security Archive 13
Nationale Sicherheit, russische 25
NATO (durchgehend)
NATO-Gipfel in Bukarest oder Bukarester Memorandum 16, 25, 44
NATO, Erweiterung 8, 11, 13, 14, 15, 16, 20, 32, 41, 42, 43, 45, 46, 47, 48, 50, 51, 52, 57, 58, 60, 62, 65
Neofaschisten (siehe Rechtsextreme, ukrainische)
Neonazi (siehe Rechtsextreme, ukrainische)
Neutralität 64, 65, 66

Nitze, Paul 42
Nordkorea 22
Nukleare Mittelstreckensysteme 10, 11, 23, 35, 37, 63
Nuland, Victoria 18, 19

Operation Sea Breeze 24

Pessimistische Einschätzungen 11, 57
Pipes, Richard 42
Polen 15, 22, 26, 43, 63
Propaganda 5, 14, 47, 56
Proteste 18
Psychologie 58, 60
Putin, Wladimir 1- 8, 19-23, 27, 32, 38, 39, 43-49, 52, 53, 58-61, 65, 66, 69
Pyatt, Geoffrey 18

Rechtsextreme, ukrainische 9, 18
Regierung Biden 4, 26
Regimewechsel 6
Respektlosigkeit (siehe Psychologie)
Revanchismus 20
Revolutionen (siehe auch Staatsstreich)
Rumänien 15, 22, 26, 43, 62
Russophobie/russophob 43, 51, 56

Sakwa, Richard 2, 7, 49, 58, 65
Sandburg-Analogie 39, 63
Selbst erfüllende Prophezeiung 11, 55

Selenskyi, Wolodymyr 64, 65, 66
Shifrinson, Joshua R. 14
Sicherheitsdilemma 57, 58
Sowjetunion 2, 8, 13, 14, 31, 35, 41, 42, 43, 65
Staatsstreich, Ukraine 9, 18, 19, 21
„Stellvertretendes Kriegsfieber" 52
Südossetien 17

Täuschung/täuschen 15, 35
Thermonuklearer Krieg (siehe Atomkrieg)
Tomahawk-Marschflugkörper 9, 22
Trump, Donald J. 23, 35
Türkei 31

U.S.-Geheimdienst 5, 16, 42, 43, 44, 68
U.S.-Ukraine Strategic Defense Framework 25
Übung, militärische 10, 17, 24, 26, 29, 59, 63
UdSSR (siehe Sowjetunion)
Ukraine (durchgehend)
Ultranationalisten (siehe Rechtsextreme, ukrainische)
Unabhängigkeitsplatz (siehe Proteste)
USAID-Umfrage 74

Verantwortung für Krieg 11, 55, 62
Verteidigungsministerium 3, 21, 68

Vertrag über die Begrenzung von antiballistischen Raketenabwehrsystemen 9, 10, 11, 15, 22, 23, 30, 35, 36, 37, 63
Vertrauen 23

Waffen, tödliche 23, 24
Wahrnehmung 7, 49
Warschauer Pakt 58
Westliche Provokationen 13, 21,

Zweiter Weltkrieg 7, 48, 49, 57, 67

Über den Autor

Benjamin Abelow war in Washington, D.C. als Autor und Vortragender tätig. Zudem betrieb er im Kongress Lobbyarbeit zum Thema Atomwaffenpolitik. Er besitzt einen B.A. in Europäischer Geschichte von der University of Pennsylvania und einen Doktortitel in Medizin von der Yale University School of Medicine. Zu seinen weiteren Interessensgebieten zählen Traumapsychologie, einschließlich Kriegstrauma. Sie können Benjamin Abelow direkt per E-Mail kontaktieren. Schreiben Sie einfach an b.abelow.2022@gmail.com und verwenden Sie bitte „Ukraine War" als Betreff.

Hinweis für den Leser/die Leserin

Wenn dieses Buch nützlich für Sie war, dann schreiben Sie bitte eine Rezension bei Amazon, Barnes & Noble, LovelyBooks, Was liest du? oder anderen Buchplattformen. Um anderen zu helfen, das Buch zu finden, teilen Sie Informationen über das Buch in den sozialen Medien und in Ihrem E-Mail-Netzwerk. Wenn Sie dieses Buch in großen Mengen zur Verteilung in Ihrer Organisation erwerben möchten oder wenn Sie die Übersetzung des Buches in eine andere Sprache als Englisch unterstützen möchten, wenden Sie sich bitte an den Verlag unter info@SilandPress.com.

Ihre eigenen Anmerkungen

www.ingramcontent.com/pod-product-compliance
Lightning Source LLC
Chambersburg PA
CBHW050442010526
44118CB00013B/1644